幼儿园
中华染工坊课程

⊙主编 杨 蕾

中国海洋大学出版社
·青岛·

图书在版编目（CIP）数据

幼儿园中华染工坊课程 / 杨蕾主编 . -- 青岛：中
国海洋大学出版社，2025. 5. -- ISBN 978-7-5670-4233-
9

Ⅰ. G613. 6
中国国家版本馆 CIP 数据核字第 2025VF7626 号

YOUERYUAN ZHONGHUA RANGONGFANG KECHENG
幼儿园中华染工坊课程

出版发行	中国海洋大学出版社
社　　址	青岛市香港东路 23 号　　　　邮政编码　266071
出 版 人	刘文菁
网　　址	http://pub.ouc.edu.cn
订购电话	0532-82032573（传真）
责任编辑	邹伟真　　　　　　　　　电　　话　0532-85902533
印　　制	青岛名扬数码印刷有限责任公司
版　　次	2025 年 5 月第 1 版
印　　次	2025 年 5 月第 1 次印刷
成品尺寸	185 mm × 260 mm
印　　张	9. 75
字　　数	213 千
印　　数	1—1 000
定　　价	99. 00 元

发现印装质量问题，请致电13792806519，由印刷厂负责调换。

编 委 会

主　编：杨　蕾
副主编：石　岩　王　冰　靳　洁
编　者：韩斐斐　关昱苗　王　睿　张　萍
　　　　付军嘉　纪俊成　徐　靖

在中华民族伟大复兴的征程中,文化自信成为凝聚民族精神、推动社会发展的强大动力。学前教育作为基础教育的重要组成部分,肩负着传承和弘扬中华优秀传统文化的历史使命,对于培养幼儿的民族自豪感、文化认同感和创造力具有不可替代的作用。《幼儿园中华染工坊课程》《幼儿园中华编工坊课程》《幼儿园中华纸工坊课程》正是在这样的时代背景下编写的具有创新性和实践价值的力作,为有效开展传统文化教育提供了宝贵的经验和范例。

《幼儿园中华染工坊课程》《幼儿园中华编工坊课程》《幼儿园中华纸工坊课程》遵循幼儿的年龄特点和身心发展规律,按照《幼儿园教育指导纲要(试行)》的要求,契合《3～6岁儿童学习与发展指南》所强调的幼儿学习应以直接经验为基础,在游戏和日常生活中进行的教育理念,巧妙地将文化传承与学前教育有机融合,为幼儿开启了一扇感受中华传统文化独特魅力的大门。除预设课程外,三本书还创新性地融入了活动生成、游戏案例、生活活动以及园家社活动等,进一步丰富了课程内涵。活动生成鼓励教师根据幼儿在工坊实践过程中的兴趣点和突发奇想,及时调整并生成新的教学计划,充分满足幼儿的好奇心和探索欲望,让课程更具灵活性和开放性。游戏案例体现了幼儿在工坊活动中的自主探索和创造过程,以及教师对幼儿的观察和指导。生活活动将工坊课程融入幼儿的日常生活,帮助幼儿在真实的生活情境中学习、成长,提升生活自理能力和社会交往能力。园家社活动呈现了幼儿园、家庭、社区三方合力开展中华工坊课程的局面,促进幼儿的全面发展。

《幼儿园中华染工坊课程》以"染"文化为核心,通过丰富多彩的"染"活动,让幼儿自由地探索色彩的变化,尝试不同的染色方法和图案设计,了解和感受传统"染"技艺的独特魅力和文化内涵,如扎染、蜡染等经典工艺的制作方法和图案寓意,引导幼儿运用现代元素和个性化的创意,对传统"染"图案和形式进行改造和创新,创作出具有时代特色和个人风格的"染"

作品。

《幼儿园中华编工坊课程》以中国传统"编织"文化为核心，通过"编织"这一独特的艺术形式，为幼儿创造了一个充满趣味的探索体验环境。注重传承中华"编"文化的精髓，让幼儿了解和学习传统"编"技艺的独特魅力，如中国结编织、竹编等经典工艺的制作方法和图案寓意，使传统文化在幼儿心中生根发芽。通过体验传统编织，增强对传统文化的热爱之情。

《幼儿园中华纸工坊课程》以"纸"文化为核心，巧妙地将文化传承与学前教育有机融合。以"纸"这一独特的艺术形式为载体，鼓励幼儿探索纸的多种用途，尝试不同的折叠、剪裁和拼贴方法，将内心的想法和情感通过"纸"作品表达出来，从而提升艺术素养。

综上所述，青岛幼儿师范学校附属幼儿园的《幼儿园中华染工坊课程》《幼儿园中华编工坊课程》《幼儿园中华纸工坊课程》以独特的教育视角、丰富的文化内涵和创新的课程设计，为学前教育领域中的传统文化教育树立了新的标杆。它不仅为幼儿提供了一个接触和传承中华优秀传统文化的机会，而且助力了幼儿的全面发展。相信该书的推广，将对我国学前教育事业的发展产生积极而深远的影响，为培养德智体美劳全面发展的社会主义建设者和接班人做出重要贡献。期望更多的幼儿园能够借鉴和学习这一成功经验，积极探索适合幼儿的传统文化教育模式，让中华优秀传统文化在幼儿教育中绽放更加绚烂的光彩。

山东师范大学教育学部学前教育学院院长

杜传坤

2024.12

　　幼儿园作为幼儿启蒙教育的重要场所,肩负着传承和弘扬中华优秀传统文化的重要职责。中华传统文化源远流长、博大精深,蕴含着丰富的教育资源和宝贵的精神财富,为幼儿教育提供了深厚的文化滋养。《幼儿园中华染工坊课程》一书便是在这样的教育理念与文化使命下编写的,也是我园二十多年传统文化启蒙教育的研究成果。它以中国传统"染"文化为核心内容,将文化传承与学前教育有机结合,旨在通过丰富多彩的"染"活动,让幼儿感受中华传统文化的独特魅力,培养幼儿的民族自豪感和文化自信心,促进幼儿的全面发展。

一、顺应儿童发展,激发多元潜能

　　本书旨在探索符合幼儿身心发展规律的教育方式,通过"染"的艺术形式激发幼儿多元潜能。本书设计基于《3～6岁儿童学习与发展指南》,以"染"这一独特的艺术形式为载体,为幼儿创造了一个丰富多彩、充满趣味的学习环境。在染工坊中,幼儿动手操作,通过折叠、捆扎、染色等一系列实践活动,体验各种不同形式的"染"工艺,在感受色彩神奇变化的同时,培养了对美的感知力,理解了传统工艺蕴含的智慧与魅力,在小小的心灵中种下了传承与创新的种子,提升艺术素养。

二、培养文化自信,塑造民族精神

　　中华"染"文化蕴含着丰富的文化内涵和精神价值。从扎染、蜡染到精美的丝绸印染,每一种技艺都有着独特的历史背景和文化寓意。通过参与染工坊活动,幼儿能够了解这些传统技艺背后的故事和文化渊源,感受中华民族传统文化的博大精深。在体验和传承"染"的过程中,幼儿逐渐建立对民族文化的认同感和自豪感并增强文化自信,这种文化自信将伴随他们成长,成为塑造民族精神的重要基石,使他们在未来能够更加坚定地传承和弘扬中华优秀传统文化。

三、课程构架创新,助力全面发展

本书分为主题活动设计和实践活动案例两大部分。主题活动设计为教师提供了系统的课程选择支架,涵盖了"染"文化的历史渊源、基本原理、材料工具介绍等基础知识,以及不同年龄段幼儿适合的教学活动,确保教师在教学过程中有明确的目标和方向,能够有针对性地引导幼儿感知体验和创造表现。实践活动案例呈现了教师立足儿童视角的课程创生,教师基于幼儿的兴趣点,开展了各类活动,为幼儿提供了丰富多样的体验,促进了幼儿的全面发展。

四、体验式教育,助力全面发展

本书采用体验式教育模式,让幼儿在亲身参与中学习和成长。这种教育方式不仅能够激发幼儿的探究兴趣和积极性,还能增强他们的问题解决能力、合作交流能力和自主学习能力。在染工坊中,幼儿需要与同伴合作完成染色作品,他们分工协作、互相帮助,共同克服遇到的困难和挑战。同时,幼儿还可以在展示和分享自己作品的过程中,锻炼语言表达能力,增强自信心,增进与同伴的情感交流和友谊。通过此类活动,幼儿将更好地适应未来社会的发展需求,成为具有创新精神、实践能力和社会责任感的新时代人才。

期望本书能于幼儿心灵深处播撒中华传统文化的"种子",使其在充满趣味与创意的活动体验中"生根发芽"。本书不仅为幼儿搭建了接触和传承优秀传统文化的桥梁,而且是助力其全面发展的重要途径。总而言之,《幼儿园中华染工坊课程》一书以其独特的教育方式和丰富的文化内涵,完美地契合了幼儿教育的目标与期望。它让幼儿在快乐中学习,在实践中成长,在传承中创新,为培养德智体美劳全面发展的社会主义建设者和接班人提供了有力支撑,让中华优秀传统文化在幼儿的心中熠熠生辉。

由于编者水平有限,书中不足之处在所难免,恳请读者批评指出。

杨蕾

2024.12

目录

由"染"而生——幼儿园中华染工坊课程整体设计

第 一 章

主题活动价值

"染"有着悠久的历史,它承载着中华民族的智慧。从古老的扎染、蜡染到现代的各种创新染法,"染"见证了岁月的变迁和文化的传承,反映了不同时期、不同地域的审美观念和文化特色,展现了中华民族对美的追求和对生活的热爱。《3～6岁儿童学习与发展指南》指出,要向幼儿介绍反映中华民族智慧的发明和创造,激发幼儿的民族自豪感。染工坊各种丰富的活动,培养幼儿对"染"的兴趣,感受劳动创造美的快乐和传统文化的魅力,增强幼儿对民族文化的认同感和自豪感。

3～6岁的幼儿正处于好奇心旺盛、喜欢动手操作的阶段。染工坊通过"染个花手绢""指尖上的扎染""染艺之旅"三个主题活动,根据幼儿年龄特点由点及面、螺旋上升,让幼儿了解、感受传统的手工技艺。利用"染"过程中充满惊喜的图案,激发幼儿的好奇心和探索欲望,培养幼儿的专注力、创造力和审美能力,逐步提高他们的动手能力和思维能力。

在活动中充分利用周围的资源,带领幼儿走进博物馆和作坊实地参观感受,亲身感知、动手操作,了解"染"常见的材料和工具,掌握简单的印染技巧。引导幼儿做传统文化的传承人,将"染"运用到生活中,感受传统工艺与现代生活的联系,用适合幼儿的方式实现传统文化的创造性转化和创新性发展。

主题活动目标

1. 情感与态度目标:培养幼儿对"染"的兴趣,增强对民族文化的认同感和自豪感,提升幼儿审美能力,培养幼儿积极生活的态度。

2. 知识与能力目标:了解"染"的历史发展和文化传承,知道不同染艺方法的特点。认识常见的染艺材料,掌握基本的色彩搭配。学会与同伴合作,提高团队协作能力。

3. 技能目标:学会简单的手绢印染方法,掌握服饰扎染的基本技巧。能够进行创意设计和制作。

4. 转化与发展目标:培养幼儿的创新思维,创造富有个性的染艺作品。能够发现身边独特的可以用于染艺的材料和工具,尝试新的印染方法。

主题预设网图

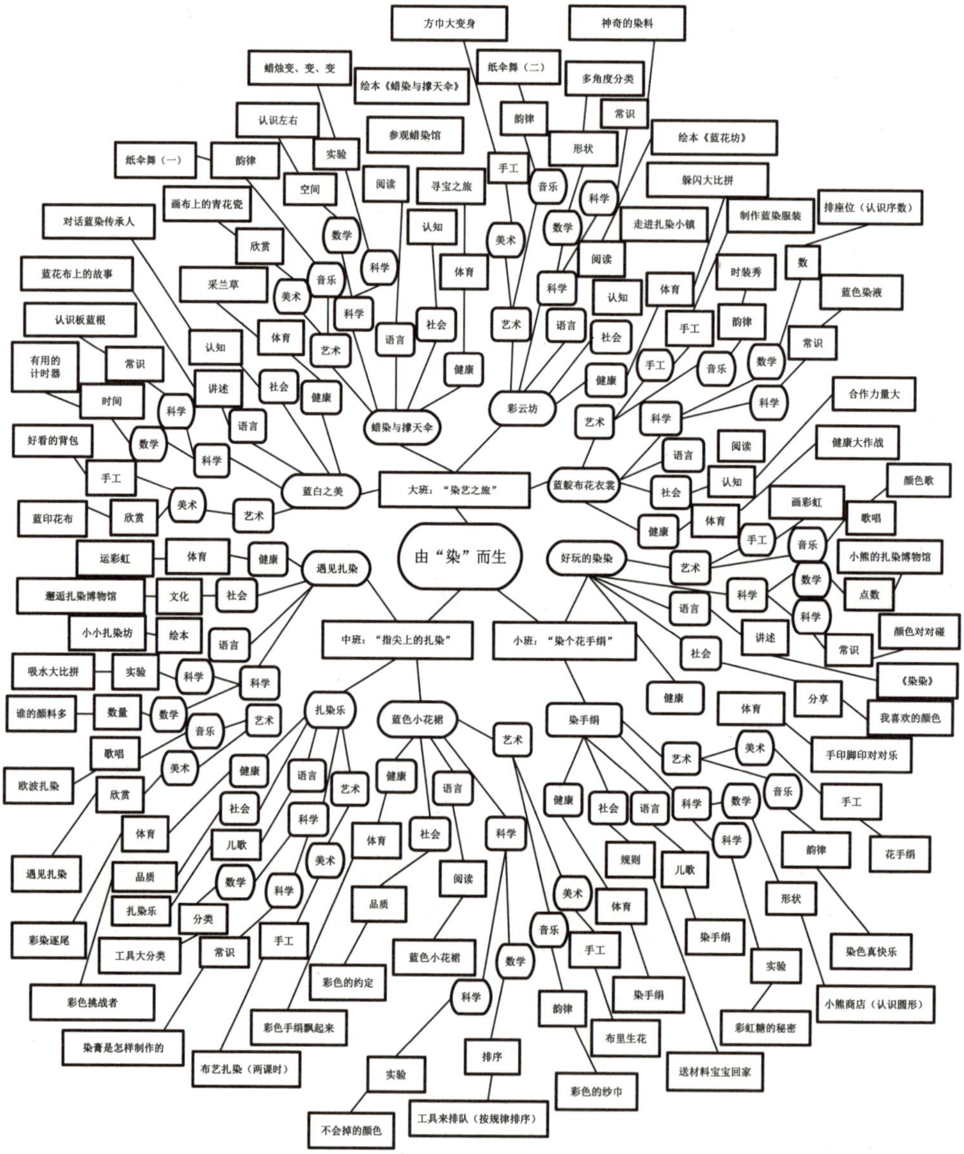

图 1-1 主题预设网图

小班主题活动设计
"染个花手绢"

第二章

主题活动价值

染色作为我国的传统工艺,历史悠久、源远流长。其艺术表现形式多种多样,承载着中华民族文化的精髓,具有极高的艺术价值。手绢是幼儿日常生活中常见的物品,它的质地和大小很适合进行染色活动,幼儿通过简单的折叠和晕染就能将手绢染上漂亮的颜色和花纹,这对幼儿有着巨大的吸引力。染手绢对于幼儿来说较为容易上手,为今后参与更加复杂的染色活动奠定了良好的基础。

《3～6岁儿童学习与发展指南》指出,要引导幼儿欣赏多种多样的艺术形式和作品,进行艺术活动并大胆表现。小班幼儿对色彩充满好奇,喜欢用色彩进行表达。但是,他们的精细动作发展尚不完全,注意力集中时间较短。根据这一特点,我们设计了"染个花手绢"主题活动,从三原色入手,运用折染、晕染等方法,让幼儿感受不同的折叠方式给花手绢颜色、形状和花纹带来的变化,激发幼儿对染色的兴趣。

主题活动从幼儿身边的生活中发现内容、寻找材料,设计与染相关的活动。语言活动《染染》,使幼儿初步了解染色,激发对染色的兴趣。艺术活动"画彩虹""花手绢"让幼儿在动手操作中体验并了解染的多种艺术表现形式,提高幼儿的动手能力,发展幼儿的想象力、创造力。健康活动"手印、脚印对对乐""丢手绢"帮助幼儿提升手眼协调能力,锻炼身体灵活性。在主题活动中,幼儿不仅能够感受染色的艺术美,还能初步感知传统染色与生活的联系。

主题活动目标

1. 情感与态度目标:感受染色活动中颜色变化的奇妙,激发幼儿参与染色活动的兴趣。引导幼儿体验不同染色方法产生的不同效果,从而喜欢参与传统染色活动,并为自己的作品感到自豪。

2. 知识与能力目标：知道染色所需要的工具，初步了解折染、晕染的基本方法。掌握不同的折染方法，能通过多种形式与大家分享染色活动的感受。

3. 技能目标：掌握对折、向中心折等多种折叠技巧，初步掌握简单的角、边、中心染等方法，能组合运用多种形式晕染不同形状的作品。

4. 转化与发展：在成人的帮助下，能制作简单的游戏材料；对生活中有染色元素的物品感兴趣，愿意大胆尝试用染色的方法美化生活用品。

主题活动预设

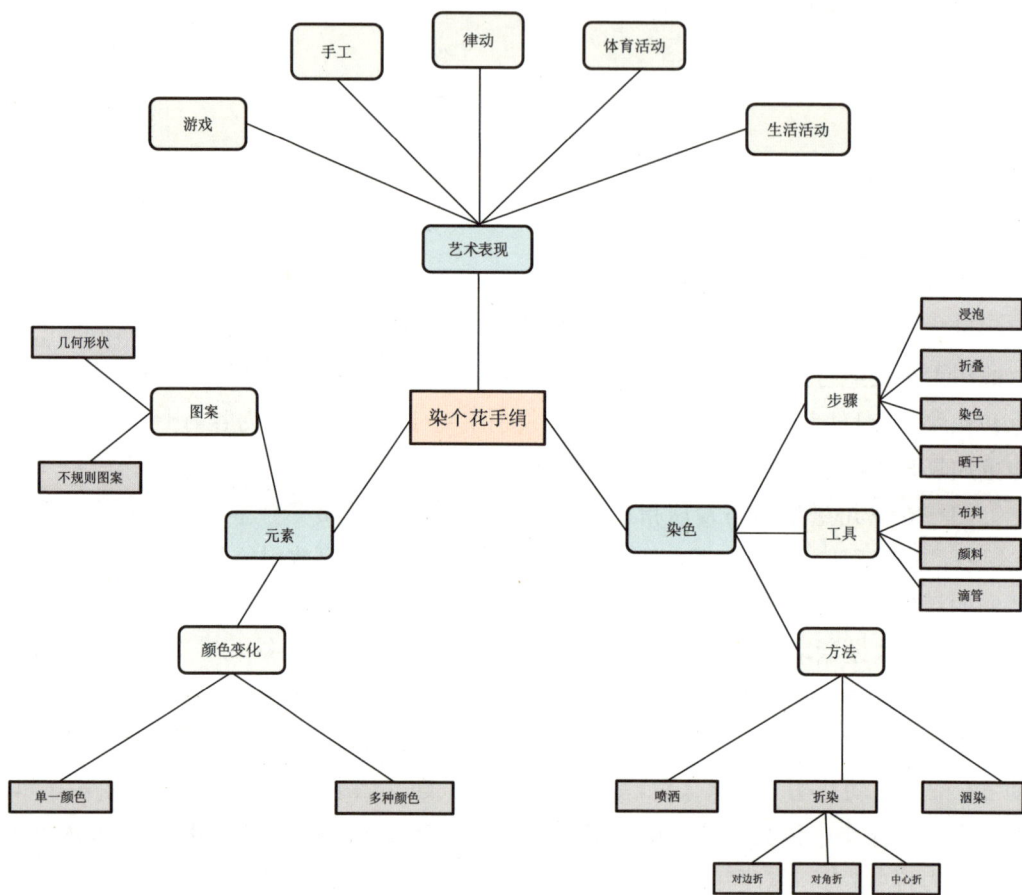

图 2-1　主题活动预设网图

主题活动范围

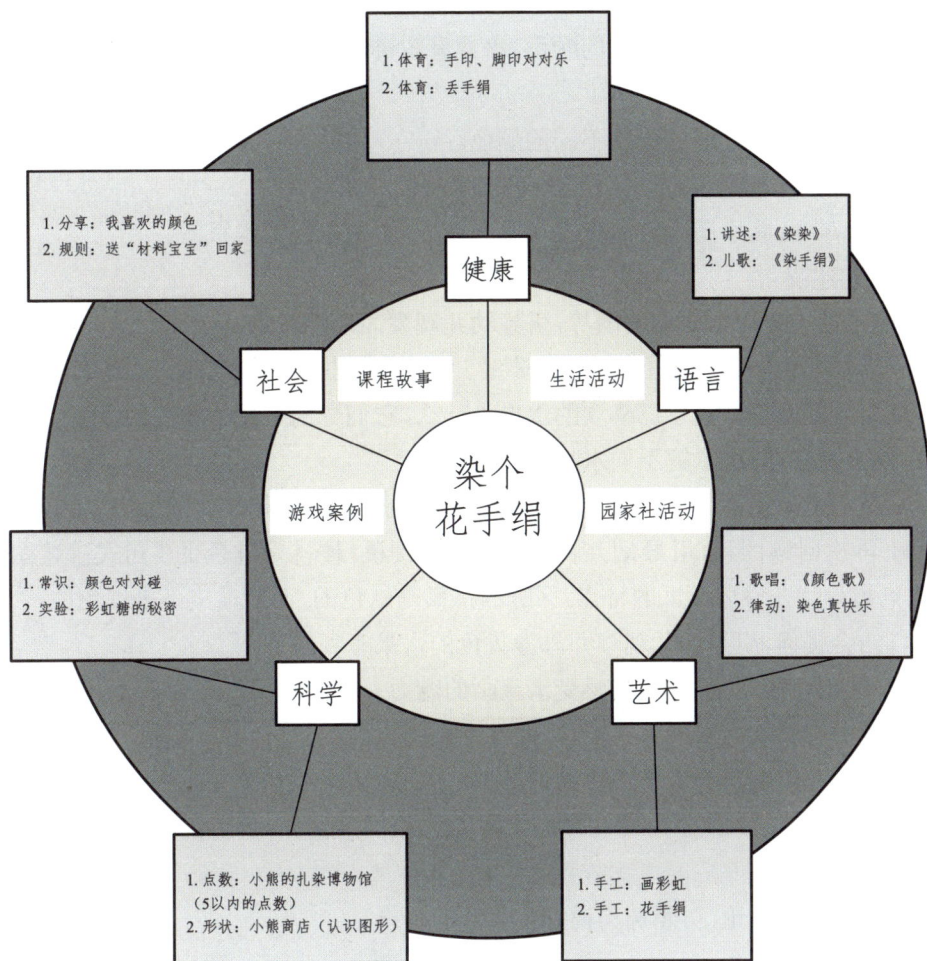

图 2-2 主题活动范围图

主题活动设计

第一周 好玩的染染

活 动 一 语言（讲述）——《染染》

活动意图

《染染》是一本极具中国风特色的绘本,通过视觉刺激,用水墨画的形式表现了不同水果的形态。活动引导幼儿观察图片,用完整连贯的语言对水果的颜色特征进行描述。绘本的颜色搭配鲜艳明丽,易于吸引幼儿的注意。幼儿通过看图讲述,既发展了语言表达能力,又增强了色彩敏感度,还受到了中国水墨艺术的熏陶。

活动目标

1. 喜欢讲述活动,在讲述活动中增强色彩敏感度,受到中国传统水墨艺术的滋养。

2. 尝试仿照"红色的樱桃,樱桃是红色的"句式讲述水果的颜色,发展语言表达能力。

3. 观察图片,了解不同水果的颜色,培养看图讲述的能力。

活动准备

1. 知识准备:幼儿能够辨别不同的颜色。

2. 物质准备:绘本《染染》、不同颜色的水果图片、颜料。

3. 环境准备:将水墨画作品布置在主题墙中,营造水墨艺术氛围。

活动建议

1. 展示绘本封面上西瓜的图片,引导幼儿观察西瓜的特点。

(1)请幼儿说一说图片上的水果是什么,它是由哪些颜色组成的。

(2)引导幼儿说一说自己喜欢的水果是什么,它们分别是什么颜色的。

2. 幼儿观看图片,了解不同水果的颜色。

(1)教师出示图片,引导幼儿说一说这是什么水果,它们是什么颜色的。

(2)再次回顾图片,引导幼儿仿照"红色的樱桃,樱桃是红色的"句式讲述图片内容。重点指导幼儿讲述西瓜的特点,区分西瓜瓤是红色的,而西瓜皮不是红色的。

(3)结合提问,引导幼儿观察并思考黄色的水果有哪些。

3. 开展涂色游戏,引导幼儿感受水墨画的魅力。

(1)教师带领幼儿回顾水果图片,欣赏水墨画作品。

(2)请幼儿用颜料给水果图片涂色。

(3)结合涂色游戏,提问幼儿哪些水果颜色相同。例如,黄色的水果有成熟了的香蕉、梨、芒果、菠萝。

(4)幼儿自主讨论,仿照例句说一说喜欢的水果。

活动延伸

家长带领幼儿到超市或菜市场,找一找各种颜色的水果,将不同颜色的水果用自己的方式记录下来,与伙伴分享有哪些水果的颜色一样,有哪些水果的颜色不同。

附图片

图 2-3　绘本《染染》插图

（保冬妮著,朱莹绘．接力出版社,2019 年）

活动二 社会（分享）——我喜欢的颜色

活动意图

小班幼儿眼中的世界是五彩缤纷的,他们喜欢鲜亮的颜色并且对颜色有浓厚的兴趣,能从日常生活中发现各种各样的颜色并乐于跟同伴讨论发现的颜色,但他们喜欢的颜色不完全相同。小班幼儿的认知仍以自我为中心,往往只考虑自己的需求和感受,缺乏对他人的理解,常常认为自己喜欢的颜色别人也一定喜欢。幼儿在前期完成了"我喜欢的颜色"调查问卷,通过分享与交流,知道同伴对颜色的喜好,增进对同伴的了解。

活动目标

1. 了解同伴对颜色的喜好,增进对同伴的了解。
2. 尝试与同伴交流并分享心得感受,学会倾听与表达。
3. 能用完整的语言表达自己喜欢的颜色。

活动准备

1. 知识准备:幼儿有喜欢的颜色,知道生活中的物品是什么颜色的。
2. 物质准备:"我喜欢的颜色"调查问卷、各种颜色物品的图片。
3. 环境准备:丰富班级环境色彩。

活动建议

1. 谈话导入,引出"颜色宝宝",激起幼儿兴趣。

（1）让幼儿跟"颜色宝宝"打招呼,认识各种颜色。

小朋友们,今天"颜色宝宝"来做客了,让我们跟它们打个招呼！请你看看今天都来了哪些"颜色宝宝"？

（2）请幼儿交流生活中在哪里见过这些颜色。

3. 组织幼儿分享调查问卷,说一说自己喜欢的颜色。

（1）请幼儿根据已完成的调查问卷分享自己喜欢的颜色,并用"红色,红色,我喜欢红色"的句式表达出来。

（2）让幼儿说一说有什么物品的颜色和他们喜欢的颜色是一样的。

（3）引导幼儿用完整的话表达自己喜欢的物品是什么颜色的。

3. 倾听同伴对颜色的喜好,增进对同伴的了解。

（1）分组交流讨论,分享自己喜欢的颜色。

（2）分享同伴喜欢的颜色及此颜色的对应物品。

（3）进行"我喜欢的颜色"班级统计,选出最受欢迎的"颜色宝宝"。

活动延伸

制作一张"我身边人喜欢的颜色"调查问卷,询问家人、邻居、小伙伴等喜欢的颜色,并在收集后与大家进行分享。

图 2-4　我喜欢的颜色调查问卷

活动三　科学（常识）——颜色对对碰

活动意图

小班幼儿对世界充满好奇心和探索欲,喜欢在动手操作中感受世界、认识世界。本节活动旨在让幼儿在动手操作中观察不同颜色的混合变化,体验颜色混合变化带来的惊喜与乐趣,初步理解颜色混合的基本原理。通过这一活动,幼儿培养了观察力、想象力和创造力,感受了色彩的魅力,对科学活动产生兴趣,喜欢探究颜色的秘密。

活动目标

1. 愿意参与科学活动,对颜色产生兴趣。

2. 初步感知两种颜色混合后发生的变化。

3. 尝试用简单的语言描述实验的过程和结果。

活动准备

1. 知识准备:认识常见颜色。

2. 物质准备:记录表,红、黄、蓝三色颜料,各色水彩笔,塑料滴管,塑料试管。

3. 环境准备:布置"颜色对对碰"展板。

活动建议

1. 故事导入,引起幼儿探索兴趣。

讲述故事《小蓝和小黄》,引导幼儿猜想:两种不同的颜色混合在一起,会发生什么变化?

2. 操作实验,探索颜色混合的奥秘,并记录实验结果。

（1）教师向幼儿示范实验"颜色宝宝变变变"的操作方法。

介绍试管、滴管和记录表的使用方法。用滴管分别把两种颜料滴入同一个试管中,晃一晃,看看会有什么变化,将实验的结果用涂色的方法记录下来。

（2）幼儿动手操作。

幼儿分组操作,自愿选择颜料,进行颜色混合。教师指导幼儿将结果涂在记录表上。

3. 交流分享颜色混合的结果。

将记录表张贴在"颜色对对碰"展板上,教师鼓励幼儿与同伴分享颜色混合的结果。

4. 实验结束,教师引导幼儿分类整理实验材料。

▶ **活动延伸**

将记录表和混色材料放在实验区域中,幼儿和同伴可在区域活动时继续探索两种或多种颜色混合的秘密并记录在表格中。

附表格

表 2-1　颜色对对碰记录表

🎨	？？？
🔴 + 🟡 =	
🔴 + 🔵 =	
🟡 + 🔵 =	
+ =	
+ =	
+ =	

活动四　艺术(手工)—— 画彩虹

▶ **活动意图**

小班幼儿好奇心与探索欲强烈,他们喜欢通过直接感知、亲身体验来认识世界。本节活动旨在通过"洒水画"这一趣味活动,激发幼儿对艺术创作的兴趣。在洒水的过程中观察水与不同材质接触时产生的效果,如扩散、渗透等,培养幼儿的观察力、创造力与动手能力。同时,在活动中让幼儿参与作画,在过程中鼓励幼儿相互协作,体验合作与分享的乐趣。

▶ **活动目标**

1. 愿意参与艺术创作,体验用喷壶作画的乐趣,感受同伴合作的快乐。
2. 感知洒水画作品独特的纹理和丰富的色彩。
3. 尝试用喷壶作画,发现颜料水喷在棉布上会晕染。

▶ **活动准备**

1. 知识准备:欣赏洒水画作品,有颜色晕染的经验。
2. 物质准备:喷壶、颜料、方巾若干,供多人共同作画的棉布。
3. 环境准备:宽敞、能平铺棉布的场地,晾晒场地。

▶ **活动建议**

1. 欣赏洒水画作品,感受其独特的纹理和丰富的色彩。

（1）感受独特纹理。

提问：画面上有什么？

放大看画上有许多小点点，这些图案是怎么出现的呢？

（2）感受色彩的丰富。

提问：画上都有哪些颜色？你最喜欢什么颜色？

2. 了解洒水画的工具和材料，初步尝试用喷壶作画，发现颜料水洒在棉布上会晕染。

（1）幼儿了解喷壶的用法，自主选择喜欢的颜料加入喷壶。

（2）幼儿尝试用喷壶在方巾上作画，感受晕染效果。

（3）尝试对自己的作品进行添画，展开想象，分享自己的作品。

3. 幼儿到空旷的场地上合作进行洒水绘画，感受洒水画独特的纹理和丰富的色彩。

（1）幼儿合作进行洒水画创作。

（2）通过观察、触摸等方式感受颜料水在棉布上的晕染效果和独特纹理。

（3）作品晾晒，幼儿分享作画感受。

4. 活动结束后，引导幼儿整理材料。

◐ 活动延伸

回家后可以和爸爸妈妈尝试用其他材质的画布作洒水画，观察、感受颜料在不同材质画布上的不同纹理。

附图片

图 2-5　将颜料洒在布上　　　　图 2-6　染好的布

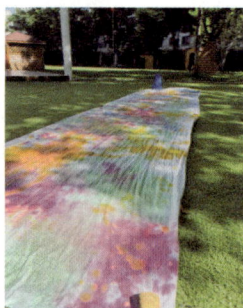

活动五　科学（点数）——小熊的扎染博物馆（5 以内的点数）

▶ 活动意图

小班幼儿正处于数学认知的启蒙阶段，对数字的概念和数量的感知尚处于初步阶段。"小熊的扎染博物馆（5 以内的点数）"这一数学活动，旨在通过一系列富有趣味性和互动性的教学环节，帮助幼儿轻松愉快地掌握 5 以内的点数。幼儿在参与活动的过程中，自然而然地接触数字，并学会用手指或实物进行点数，从而建立起数量与数字之间的直观联系,激发幼儿的学习兴趣。

活动目标

1. 喜欢做分礼物的游戏,愿意动脑思考。

2. 感知 5 以内的数量。

3. 体验 5 以内的等量关系,并学习用"几个 ×× 分几个礼物"的句式简述。

活动准备

1. 知识准备:有 3 以内的点数经验。

2. 物质准备:互动白板课件、分类盒、分类卡。

3. 环境准备:有多媒体白板的教室。

活动建议

1. 创设"小熊的扎染博物馆"的情境,激发幼儿的兴趣。

(1)出示课件,请幼儿数一数博物馆里的小动物各有几只,指导幼儿按照从左往右的顺序点数。

(2)请幼儿操作课件,按照数量对应关系将小动物分到不同场馆。

2. 创设"给小动物分礼物"的情境,引导幼儿正确点数 5 以内的数量。

(1)请幼儿帮小熊给小动物们分礼物。

(2)出示不同的动物卡片。

提问:这是什么小动物? 一共有几只? 它们需要几份礼物?

(3)幼儿轮流操作活动课件。

指导幼儿数清楚,分完以后尝试说:几个 ××,分几份礼物。

3. 幼儿分组进行操作,教师巡回指导。

(1)教师出示材料,示范讲解操作方法。

请你们将小动物的卡片插在分类盒上,看一看你要给什么小动物发礼物。

发礼物的时候,要先数一数卡片上有几个动物,然后再取出相应数量的礼物。

(2)指导幼儿送完礼物后自己检查一遍,看看有没有漏发的。

(3)指导幼儿整理材料。

活动延伸

尝试将 5 以内的点数技能应用到生活中,在购买物品时实践运用。

活动六 艺术(歌唱)——《颜色歌》

活动意图

小班幼儿目前处于热爱模仿的年纪,且热爱音乐。小班幼儿喜欢聆听欢快的音乐,并跟随音乐进行模仿和律动。由于小班幼儿节奏感不是很强,很多较长的歌曲对于他们来说表现起来较为困难。《颜色歌》这首简短活泼的歌曲,可以使幼儿展开联想,进入色彩艺术的海洋。此次活动通过多种形式引导幼儿学唱歌曲,感受大自然中的不同色彩,进一步发展幼儿的音乐表现能力。

活动目标

1. 在歌曲中感受大自然的色彩缤纷,体会唱歌的乐趣。
2. 学唱《颜色歌》,尝试跟随音乐边唱边做动作,培养幼儿的节奏感与协调性。
3. 理解歌词内容,感受大自然中的不同色彩。

活动准备

1. 知识准备:幼儿认识各种颜色。
2. 物质准备:音乐、歌词图谱。
3. 环境准备:教师将椅子摆成 u 形,方便幼儿边唱边做动作。

活动建议

1. 设置寻找"颜色宝宝"的情境,引导幼儿讨论。

(1)出示图片,让幼儿说一说图片是什么颜色的,看到这种颜色会联想到什么。

(2)讨论"颜色宝宝"都躲在大自然的哪些地方。

2. 分段根据图谱提示学唱《颜色歌》。

(1)教师完整演唱,幼儿初步了解歌词内容。

(2)教师分段演唱,按照歌词顺序出示图谱。

(3)幼儿对照图谱,分段学唱歌曲。

(4)幼儿对照图谱,完整跟唱歌曲。

3. 跟随音乐边唱边律动,体验歌唱活动的魅力。

(1)让幼儿边唱边律动,感受歌曲欢快氛围。

(2)引导幼儿用动作表现歌词内容。

(3)引导幼儿边唱边做动作。

活动延伸

播放《颜色歌》,引导幼儿用喜欢的颜色续编歌曲,并尝试进行表演。

附歌曲

颜 色 歌

活动七　健康(体育)—— 手印、脚印对对乐

▶ 活动意图

小班幼儿活泼好动、充满活力,喜欢通过动作来感知和了解世界,喜欢不断探索与尝试各类动作,但小班幼儿动作发展的协调性不够。此次活动通过寻找相同颜色的手印、脚印图片进行爬行,训练幼儿的视觉、触觉、本体觉和前庭觉,锻炼幼儿爬行的能力,通过手眼配合锻炼协调性与大脑控制的能力,培养幼儿的专注力;通过小组竞赛的形式激发幼儿的积极性,使幼儿乐在其中。

▶ 活动目标

1. 在活动中提升幼儿自信心。
2. 锻炼幼儿的手脚协调能力与大脑的控制能力,培养专注力。
3. 能够按照相同颜色的手印、脚印图片,手脚配合地进行爬行。

▶ 活动准备

1. 知识准备:幼儿有爬行的经验,能够手脚交替地爬行。
2. 物质准备:各种颜色的手印、脚印图片。
3. 环境准备:在空旷的户外摆放各种颜色的手印、脚印图片。

▶ 活动建议

1. 引导幼儿观看手印、脚印图片,进行讨论。
(1)观看手印、脚印图片,让幼儿说一说手印、脚印是怎样出现的? 在哪里见过?
(2)教师带领幼儿进行热身运动,重点活动腕关节、膝关节,防止运动损伤。
(3)幼儿尝试手脚并用进行爬行热身,教师指导幼儿爬行要点。
2. 初步尝试"手印、脚印对对乐"游戏,熟练爬行动作。
(1)幼儿通过寻找脚印进行跳跃训练。
(2)幼儿通过寻找手印、脚印,进行爬行训练。
(3)幼儿自主练习,教师巡回指导幼儿。
(4)幼儿分组竞赛,最先到达终点的小组获胜。
3. 放松活动后引导幼儿整理游戏场地。
(1)播放音乐,幼儿慢慢走回放松场地。
(2)引导幼儿放松胳膊及腿部肌肉。
(3)请幼儿将手印、脚印图片按照类型和颜色分类整理好。

▶ 活动延伸

在区角活动中制作更多各种颜色的手印、脚印图片,引导幼儿将手印、脚印图片按颜色进行分类。

图 2-7 手印、脚印游戏场地图

图 2-8 幼儿玩手印、脚印游戏

第二周 染手绢

活动一 语言（儿歌）——《染手绢》

活动意图

《染手绢》是一首韵律感强、朗朗上口的儿歌。儿歌将染手绢作为线索，用生动活泼的语言描述了染色过程的欢乐。将染色作品中红色的部分比作太阳、黄色部分比作花、蓝色部分比作蓝天，使染色作品与实际生活密切联系，极大地激发了幼儿对染色活动的兴趣。幼儿欣赏并唱儿歌，体会儿歌的独特魅力，感受染手绢的快乐。

活动目标

1. 感受儿歌的魅力，喜欢参与活动。

2. 能够根据图谱唱儿歌，尝试根据颜色特征续编儿歌。

3. 理解儿歌内容，知道儿歌中出现了哪些颜色。

活动准备

1. 知识准备：幼儿有染手绢的经验。

2. 物质准备：儿歌《染手绢》的图谱。

3. 环境准备：将染色的手绢布置在班级中，制造温馨的环境。

活动建议

1. 出示染手绢的图片，设置染工坊的情境，吸引幼儿活动的兴趣。

（1）观察图片，引导幼儿回顾染手绢的过程。

今天我们来到了染工坊，请小朋友们观察图片上的工人在干什么，他们的动作是怎么样的，表情是怎么样的。

（2）请幼儿交流染色后花手绢的颜色和图案特征。

5. 熟悉儿歌内容，尝试根据图谱唱儿歌。

（1）教师完整朗读儿歌，幼儿初步感受染手绢的内容与画面。

（2）教师引导幼儿观看图谱，了解儿歌内容。

（3）教师指导幼儿根据图谱唱儿歌。

3. 完整欣赏儿歌，尝试据颜色特征续编儿歌。

（1）教师完整唱儿歌，加深幼儿的理解与记忆。

（2）玩开火车游戏,幼儿根据图谱提示轮流唱儿歌。

（3）请幼儿尝试用自己喜欢的颜色续编儿歌。

▶ 活动延伸

尝试和家人一起唱儿歌,并染一个好看的手绢。

附儿歌

染手绢

小手绢,手中拿,

染个颜色笑哈哈。

先染红色像太阳,

再染黄色像朵花。

最后染个蓝颜色,

蓝天白云装扮它。

活动二　艺术（手工）——花手绢

▶ 活动意图

　　洇染画是一种独特的艺术表现形式,其色彩自然交融、形态自由多变,适合小班幼儿尝试和探索。本节活动,旨在通过引导幼儿亲手操作,观察色彩在手绢上缓缓洇开、相互渗透的过程,在直观体验中感受色彩的魅力。此外,在洇染画创作过程中没有固定的形状和规则,幼儿可以自由发挥、大胆创作,这有助于培养幼儿的想象力和创造力,让幼儿在创作中找到乐趣,建立自信。

▶ 活动目标

1. 愿意尝试新材料,大胆洇染,不弄脏衣服。

2. 初步学习蘸色洇染手绢。

3. 能用多种颜色、多种洇染方法染出漂亮的花手绢。

▶ 活动准备

1. 知识准备:幼儿有染色的经验。

2. 物质准备:纸巾、颜料、手绢。

3. 环境准备:"漂亮花手绢"展示台。

▶ 活动建设

1. 出示洇染画范例,引导幼儿感受作品的美。

提问:我的花手绢上有哪些颜色? 图案像什么?

你知道是用什么方法制作出来的吗?

2. 教师示范,引导幼儿观察讨论花手绢是如何染出来的。

教师示范洇染的基本方法,可用儿歌的形式帮助幼儿记忆,如:"小手绢,对角折,三个角蘸颜色。轻轻蘸,慢打开,变成漂亮花手绢。"重点提醒幼儿蘸颜料的时间不能太长,打开时小心一点,不弄坏手绢。

3. 教师引导幼儿进行洇染。

在洇染过程中,教师引导幼儿观察洇染效果,感受颜色融合的美丽;鼓励幼儿大胆洇染,提醒幼儿不要弄脏衣服。

6. 请幼儿将染好的花手绢展示出来,介绍自己染了哪些颜色、哪些图案,看看谁的花手绢最漂亮。

7. 引导幼儿活动后主动整理材料。

▶ 活动延伸

将洇染材料投放到美工区中,幼儿可在美工区尝试运用多种折叠方式和不同材料,洇染出不同花纹、颜色的花手绢,也可运用其制作更多创意手工。

附图片

图 2-9 幼儿作品

活动三 社会(规则)——送"材料宝宝"回家

▶ 活动意图

幼儿在染色活动中常常会用到各种各样的材料,活动结束后幼儿不能自觉及时地整理材料,因此如何按照顺序和规律整理材料,将"材料宝宝"送回家也是一大难题。小班正是培养幼儿养成良好行为习惯的关键时期。本次活动从幼儿整理材料的环节入手,通过送"材料宝宝"回家的情境游戏使幼儿掌握正确、快速的分类材料的方法,养成及时整理材料的好习惯。

▶ 活动目标

1. 养成及时整理材料的好习惯,初步形成规则意识与建立秩序感。

2. 能够按照类型及对应标志将材料放到对应位置,培养归纳整理的能力。

3. 知道每个材料有固定的位置和区域,能够将相同的标志进行对应。

▶ 活动准备

1. 知识准备:幼儿有分类的经验,能按一定的类型进行分类。

2. 物质准备:材料对应位置图标、材料正确摆放位置的图片。

3. 环境准备:教师提前规划材料摆放的位置,将材料对应位置图标贴好。

▶ 活动建议

1. 创设"材料宝宝"走丢的情境,激发幼儿活动兴趣。

(1)播放哭声音频,请幼儿猜一猜是谁在哭。

(2)出示"材料宝宝"走丢的图片,请幼儿说一说"材料宝宝"哭的原因。

(3)教师总结,引导幼儿及时将"材料宝宝"送回家。

2. 展示图片,引导幼儿掌握分类整理的方法。

(1)展示图片,引导幼儿根据特征将材料分类、摆放整齐。

(2)出示材料标志图片,引导幼儿通过寻找标志将材料收纳到材料箱内并摆放整齐。

(3)出示材料箱的标志图片,引导幼儿根据标志将材料箱放到对应区域。

3. 开展整理大比拼活动,请幼儿按照小组分类整理材料。

(1)交流讨论整理妙招,分享归纳整理的好方法。

(2)开展整理大比拼活动,幼儿分组进行整理。

(3)交换分组,检查对方小组整理情况,如有问题及时提出并帮助整改。

▶ 活动延伸

引导幼儿将区角活动中的其他玩具按照分类的方式进行整理归纳,贴好对应的标志摆放整齐。

图 2-10　分类摆放物品的柜子

图 2-11　分类摆放好的物品

活动四　健康(体育)——丢手绢

▶ 活动意图

丢手绢作为民间传统游戏,其轻快欢乐的旋律和简单明了的规则,易于小班幼儿理解。在丢手绢游戏中,幼儿围坐成圈、传递手绢、围圈追跑,锻炼身体的协调性和反应能力,培养专注力和观察力,在游戏中学会面对挑战,培养勇敢、自信的品质。丢手绢这一传统游戏,可以让小班幼儿感受传统文化的魅力,激发幼儿对传统文化的兴趣和热爱,让幼儿在欢声笑语中锻炼身体、滋养心灵。

▶ 活动目标

1. 对体育活动感兴趣,愿意主动参与体育活动。在活动中勇敢面对挑战,培养自信。

2. 了解游戏规则,知道如何参与游戏。

3. 练习快速跑,锻炼身体灵活性,培养幼儿的观察力和快速反应能力。

⚪ **活动准备**

1. 知识准备：幼儿有快速跑的经验。

2. 物质准备：染好色的花手绢、游戏音乐。

3. 环境准备：适宜奔跑的场地。

⚪ **活动建议**

1. 引导幼儿进行热身活动并准备场地。

（1）带领幼儿进行热身运动，如头部转动、肩部伸展、腰部扭动、膝关节活动、手腕脚踝转动等。

（2）请幼儿观察场地，看看哪里需要防护，强调游戏过程中要注意安全。

2. 教师向幼儿介绍游戏的基本规则。

（1）带领幼儿围成一个圆，圆圈尽可能大。

（2）教师向幼儿介绍规则，并做示范。

（3）教师带领幼儿进行丢手绢游戏，边玩边指导。

（4）幼儿自主进行丢手绢游戏，教师在旁进行指导并做安全提醒。

3. 放松环节。

引导幼儿围成一个圆一起放松，捶打腿部和手臂肌肉等。

⚪ **活动延伸**

幼儿可在户外操场、小区等地方，与同伴玩丢手绢游戏。在原有游戏基础上，通过儿歌节奏的变化增加游戏难度。

活动五 科学（实验）—— 彩虹糖的秘密

⚪ **活动意图**

小班幼儿对周围世界充满了好奇心与探索欲，尤其是那些色彩斑斓、变化多端的事物，总能瞬间吸引幼儿的注意。本节活动旨在通过观察和实验，引导幼儿发现彩虹糖遇水后的奇妙变化，激发幼儿的科学探究兴趣。活动以幼儿喜爱的彩虹糖为切入点，首先通过展示彩虹糖，吸引幼儿注意，激发幼儿的好奇心。随后通过简单的实验操作，引导幼儿观察彩虹糖颜色的扩散与融合过程。本活动促进了幼儿对颜色混合概念的理解，培养了幼儿的观察力、想象力和初步探究科学的能力。

⚪ **活动目标**

1. 愿意主动尝试科学探究，感受色彩变化带来的惊喜。

2. 初步感知彩虹糖在水中溶化的现象，愿意用语言表达自己的发现。

3. 能在教师的示范、讲解下按实验步骤进行操作，并能注意观察实验中的现象。

⚪ **活动准备**

1. 知识准备：幼儿接触过彩虹糖。

2. 物质准备：彩虹糖、白纸盘、温水、勺子。

3. 环境准备：教师提前规划材料摆放的位置。

▶ 活动过程

1. 摇晃彩虹糖，用声音引起幼儿的兴趣。

提问：老师的口袋里藏着一个神秘的礼物。听一听，可能是什么？

2. 观察彩虹糖的颜色。

教师将彩虹糖倒在桌上的白纸盘中，引导幼儿观察彩虹糖的颜色。

3. 创设"彩虹糖的秘密"游戏情境，激发幼儿实验的兴趣。

提问：彩虹糖有这么多的颜色，我们可以用什么方法把彩虹糖上的颜色变没有呢？

如果把彩虹糖放到水里，彩虹糖上的颜色会变吗？为什么？

4. 幼儿操作实验，教师观察指导。

（1）幼儿操作，观察彩虹糖变化。

提问：你的彩虹糖是什么颜色的？

轻轻地搅一搅，看看水有什么变化。再把彩虹糖舀上来看看，它变成了什么颜色。

（2）教师引导幼儿交流分享。

（3）小结：原来彩虹糖上的颜色溶到水里去了。

5. 活动结束后，引导幼儿自主整理材料。

▶ 活动延伸

鼓励幼儿继续尝试彩虹糖实验，感受彩虹糖颜色的扩散与融合，体验实验的乐趣。

附图片

图 2-12 彩虹糖融化的过程

活动六 艺术（律动）——染色真快乐

▶ 活动意图

　　幼儿在经过一周多的染布活动，已经掌握了一定的染色经验，知道染色的基本步骤与过程，对染布活动兴趣浓厚。幼儿在小班阶段喜欢节奏欢快的音乐，喜欢跟随音乐律动。此次活动，让幼儿欣赏节奏欢快的音乐，跟随音乐节奏用肢体动作表现染布的过程。在欣赏与表现的过程中，幼儿通过用肢体语言跟随音乐进行律动，加深对染布过程的理解，将传统工艺与音乐相结合，让幼儿身临其境地感受染布的乐趣。

▶ **活动目标**

1. 体验跟随音乐进行律动,感受传统染布工艺的乐趣。

2. 能够跟随音乐做染布的动作,锻炼节奏感与协调性。

▶ **活动准备**

1. 知识准备:幼儿有在布料上染色的经验,知道染布的基本步骤与过程。

2. 物质准备:音乐、染色工艺的图片、便于幼儿识记的动作图谱、布。

3. 环境准备:将染布作品布置在班级内,创设"小染坊"的情境。

▶ **活动建议**

1. 设置"小染坊"的情境,引导幼儿回忆染色的步骤。

(1)播放染坊工人图片,让幼儿说一说染坊的工人在做什么。

(2)邀请幼儿进入"小染坊",引导幼儿回忆染色的步骤。

(3)请幼儿用简单的动作表现染布的过程。

2. 欣赏音乐,请幼儿跟随音乐做动作。

(1)初步欣赏音乐,感受音乐的特点,引导幼儿跟随音乐节奏进行律动。

(2)引导幼儿用双手拿布做左右抖布的动作。

(3)引导幼儿用双手将布叠一叠、团一团,再展开做动作。

(4)引导幼儿用双手拿布垂直放在腿上再垂直提上来,做浸染的动作。

(5)引导幼儿用双手举起布做晒一晒的动作。

3. 跟随音乐节奏进行律动,感受染色的快乐。

(1)播放音乐,幼儿跟随教师的示范一起做动作。

(2)播放音乐,幼儿跟随音乐做动作,根据教师提示切换动作。

(3)播放音乐,幼儿按照动作图谱提示跟随音乐做动作。

▶ **活动延伸**

家长带领幼儿参观染坊,观看纺染工人的工作环境,感受染布工艺的氛围,体会染布的快乐。

附简谱

快乐小舞曲

1=F 4/4

活动七　科学（形状）—— 小熊商店（认识圆形）

活动意图

小班幼儿正处于认知发展的初级阶段,他们对形状的认知多依赖于视觉和触觉的直接经验。因此,本节活动首先以生活中随处可见的圆形物品(如钟表、盘子、扣子等)作为引入,用这些具体形象、色彩鲜艳的事物吸引幼儿的注意力。其次,让幼儿通过探索与触摸,理解圆形的基本特征——圆圆的、没有角。活动注重直观性、操作性和趣味性,让幼儿在动手操作、游戏互动中认识圆形,激发幼儿探索几何形状的兴趣。

活动目标

1. 感知圆形在生活中的应用,对学习图形产生兴趣。

2. 感知圆形的特征,知道圆形是圆圆的、没有角的。

3. 能不受大小、颜色、摆放位置的干扰正确辨认圆形,能在周围环境中寻找圆形的物品。

活动准备

1. 知识准备:简单了解生活中圆形的物品。

2. 物质准备:互动白板课件,每个幼儿一个圆形卡片,若干生活中的圆形物品。

3. 环境准备:有多媒体白板的教室,布置圆形物品展览馆。

活动过程

1. 出示课件,创设"小熊商店"情境,激发幼儿探索的兴趣。

(1)提问:货架上都有什么?这些物品都是什么形状的?

(2)小结:商店里有钟表、盘子、扣子,它们都是圆形的。原来小熊开的是一家专门卖圆形物品的商店。

2. 提供圆形卡片,让幼儿自由探究,初步感知圆形的特征。

(1)请幼儿自由探讨,引导幼儿沿着圆形的边缘和面触摸、摆弄,说一说圆形到底是什么样的。

(2)小结:圆形是圆圆的、没有角的。

3. 创设情境,进一步感知圆形的特征。

(1)情境一:帮助小熊进货。

请幼儿帮助小熊从仓库里(玩具橱)找到圆形的商品。引导幼儿说一说找到的商品叫什么,是什么形状的。

(2)情境二:去小熊家做客。

小熊为了感谢大家的帮助,邀请大家去家里做客。只有踩着圆形的石头才能到小熊家。引导幼儿操作互动课件,辨识不同大小、不同颜色的圆形。

(3)情景三:找礼物。

小熊为大家准备了圆形的礼物,大家一起来找一找吧!

活动延伸

引导幼儿在教室、家中、户外等地寻找圆形物品,进一步感知圆形的特点。

中班主题活动设计
"指尖上的扎染"

第三章

主题活动价值

扎染是中国民间传统而独特的染色工艺,通过扎、绑、缝、夹等方式对布料进行局部防染处理,再进行染色,从而在布料上形成美丽的图案。扎染丰富的色彩和充满神秘与新奇感的过程能极大地吸引幼儿的注意,让他们充满期待。折叠绑扎、浸染上色、清晰拆线、晾干整理的过程能够锻炼幼儿的手部精细动作和协调能力。扎染还能够让幼儿接触和了解传统文化,培养他们对传统文化的尊重和喜爱。

中班幼儿的手部动作有所发展,能够较熟练地使用各种工具,对色彩有较强的感知和喜好,对简单的图形和图案表现出兴趣,他们的想象力开始变得更加活跃和丰富。《3～6岁儿童学习与发展指南》提出:"艺术是人类感受美、表现美和创造美的重要形式,也是表达自己对周围世界的认识和情绪态度的独特方式。"对中班的幼儿来说,扎染活动不仅能够提升他们的美术素养,还能够激发他们的创造力。

本主题活动从欣赏入手让幼儿感受扎染作品的魅力,了解扎染的步骤和所需的材料,激发幼儿对扎染的兴趣。绘本故事让幼儿了解扎染的历史,激发对传统文化的兴趣。科学活动引导幼儿探究布料吸水性的神奇之处,探索染料的秘密。在美工活动中,幼儿循序渐进地掌握扎染的各种技能,发挥想象力,创作独特的作品,并将扎染的作品用到体育活动和音乐活动中,感受扎染与生活的密切联系。丰富多彩的活动让幼儿获得艺术创作的快乐,加强幼儿的民族意识,初步感知我国传统文化的博大精深。

主题活动目标

1. 情感与态度目标:感受扎染独特的魅力,萌发对扎染的浓厚兴趣,知道扎染图案所传达的美好寓意,初步产生传承中华文化的愿望,树立民族自信心与自豪感。

2. 知识与能力目标：初步了解扎染的历史和表现形式，认识扎染的材料及工具，培养细心、耐心和不怕困难的品质，能够自主进行科学探究并和同伴协商解决问题。

3. 技能目标：掌握简单的绕线、捆扎、夹染等方法，学习按照正确的顺序完成扎染作品，能够综合使用多种扎染技能进行艺术创作，提升手眼协调能力、动手创作能力、自主探究能力及审美能力。

4. 转化与发展：能够大胆想象、创造性地开展扎染活动，发现扎染图案的多变性。尝试运用扎染的方法美化生活用品、制作简单的玩具，感受扎染与生活的联系。

主题活动预设

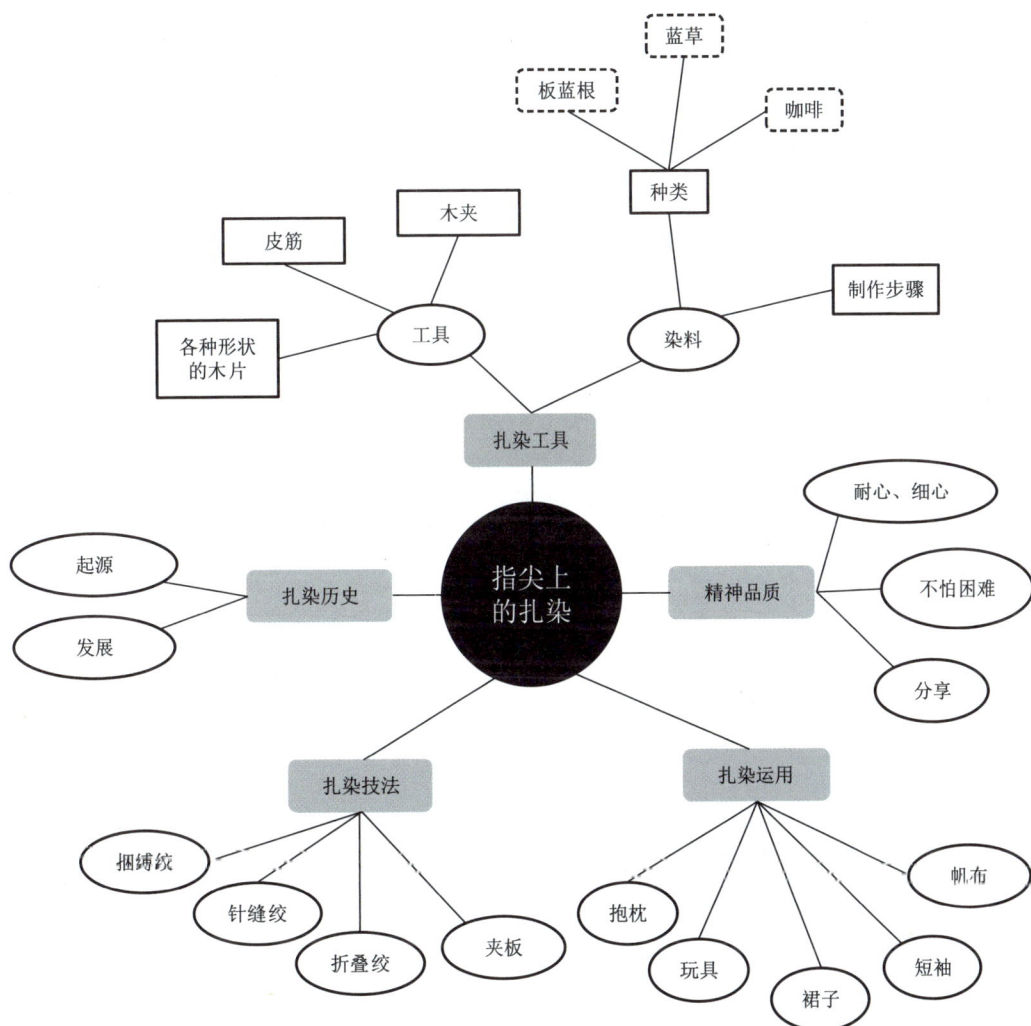

图 3-1　主题活动预设网图

主题活动范围

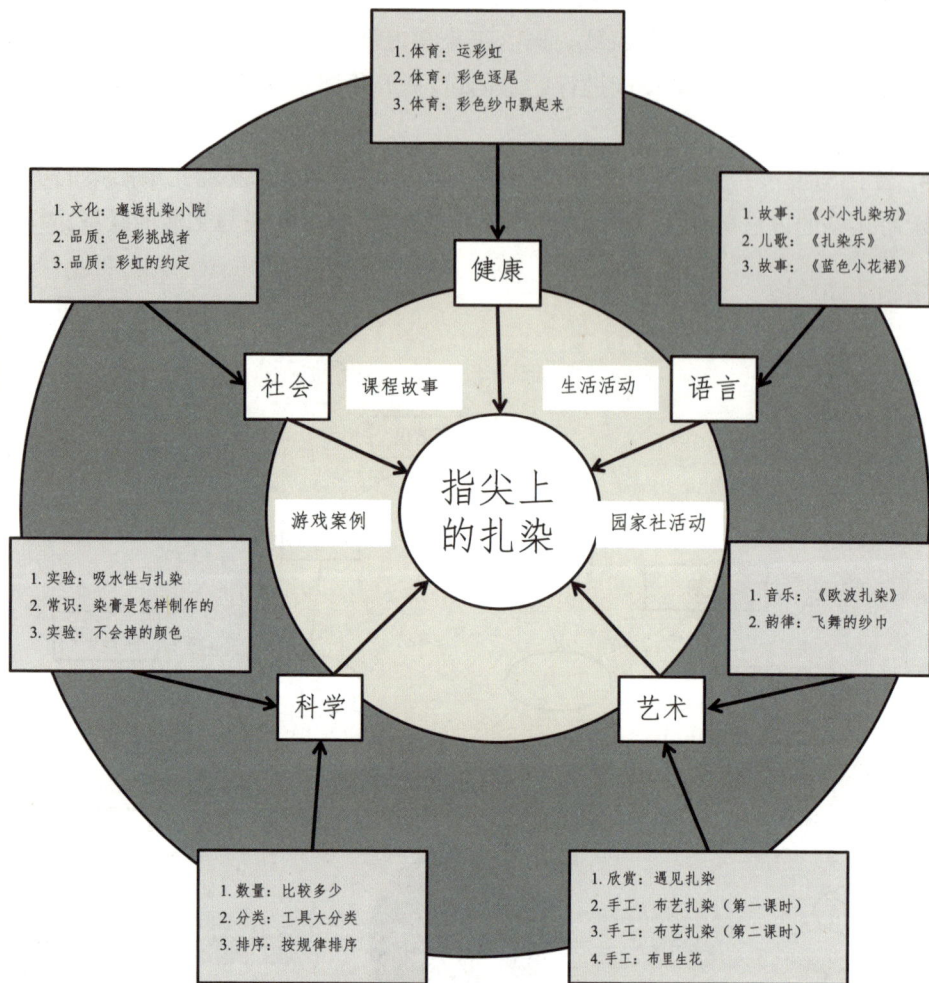

图 3-2　主题活动范围网图

主题活动设计

第一周　遇见扎染

活动一　艺术（欣赏）——遇见扎染

▶ **活动意图**

　　扎染，作为中国古老而独特的民间印染工艺，以其色彩斑斓、图案自然、变化无穷的特点，深受人们喜爱。中班幼儿正处于好奇心旺盛、想象力丰富的阶段，也有了一定的艺术欣赏能力。"遇见扎染"这一美术欣赏活动，旨在让幼儿近距离感受中国传统文化的魅力,激发他们对美的追求与探索,同时促进其观察力、想象力和审美感知能力的发展。

▶ 活动目标

1. 对扎染这一传统文化感兴趣,提升审美能力和民族自豪感。

2. 初步了解扎染的基本概念、历史背景及制作过程,认识扎染作品中独特的色彩与图案之美。

3. 能够说出扎染的简单步骤和方法。

▶ 活动准备

1. 知识准备:教师提前学习扎染的相关知识,准备生动有趣的讲解内容。

2. 物质准备:扎染作品展示板或 PPT,扎染工具(如绳子、夹子、木板等),彩色布料小样,视频资料。

3. 环境准备:布置一个充满艺术氛围的活动室,墙面悬挂扎染作品。

▶ 活动建议

1. 以故事或谜语的形式引入扎染,激发幼儿兴趣。

例如:有一种神奇的魔法,能让布料穿上彩虹衣裳,猜猜是什么?

2. 展示扎染作品,引导幼儿欣赏花纹色彩,了解扎染历史。

(1)展示扎染作品,引导幼儿观察色彩、图案的特点,讨论它们的异同。

(2)播放视频,介绍扎染的历史、文化意义及基本制作步骤。

(3)让幼儿触摸布料小样,感受扎染布料的质感。

3. 幼儿分小组简单尝试扎染。

(1)引导幼儿思考:"如果让你来设计一件扎染作品,你会选择什么颜色?怎样扎染出你喜欢的图案?"分组讨论,鼓励幼儿分享自己的想法和创意。

(2)提供扎染工具,让幼儿尝试模拟扎染的过程,如用绳子捆绑布料,体验扎结的乐趣。

▶ 活动延伸

在"扎染工坊"摆放步骤图和扎染的艺术作品,引导幼儿自行进行扎染。

附图片

图 3-3　扎染小方巾　　　图 3-4　扎染帽子　　　图 3-5　扎染小龙玩偶

图 3-6 包扎法作品　　图 3-7 捆扎法作品　　图 3-8 包裹法作品

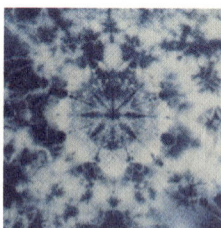

活动二 语言（故事）——《小小扎染坊》

活动意图

《小小扎染坊》这一故事充满童趣，又可体现中华优秀传统文化——扎染，中班幼儿对阅读故事感兴趣，同时，语言表达能力有了一定的提升。本次活动通过绘本故事引入扎染艺术，让幼儿了解了扎染工艺的基本概念和过程。在活动中，幼儿积极参与讨论并分享，语言表达能力得到了提升。同时，幼儿在轻松愉快的氛围中接触并了解扎染，从而激发了他们对传统文化的兴趣和热爱，培养了文化自信。

活动目标

1. 感受扎染带来的快乐。

2. 理解故事内容，了解扎染工艺的基本概念和过程。

3. 能够用简单的语言复述故事内容，并表达自己对扎染作品的感受和想象。

活动准备

1. 知识准备：幼儿对扎染有一定的了解。

2. 物质准备：故事 PPT、扎染工具。

3. 环境准备：将教室一角布置成"小小扎染坊"的情境，挂上扎染作品。

活动建议

1. 以神秘的语气介绍今天的故事发生地——"小小扎染坊"，激发幼儿好奇心。

展示扎染作品，引导幼儿观察并提问：你们见过这样的布吗？它和我们平时看到的布有什么不同？

2. 教师出示"扎染婆婆"的图片，讲述故事《小小扎染坊》，引导幼儿初步理解故事内容。

3. 教师与幼儿一同讲述故事，加深对故事的理解。

（1）与幼儿一同讲述故事。

（2）鼓励幼儿尝试用自己的话复述故事的主要情节，教师可以给予适当的提示和引导。

提问：你最喜欢故事中的哪个部分？你觉得扎染作品美吗？为什么？

（3）出示简单的扎染工具，引导幼儿想象如果自己是小小扎染师，会如何设计扎染作品。

小组讨论:幼儿分组讨论,每组选出一名代表分享自己组的创意想法。

▶ **延伸活动**

回家与爸爸妈妈一起续编故事。

附故事

小小扎染坊

在一个美丽的小镇上,有个温暖的角落,那里藏着一家神奇的小店,叫小小扎染坊。店里住着一位慈祥又聪明的扎染婆婆。

一个晴朗的早上,小镇里的小朋友们正在街上开心地玩耍。忽然,一阵风吹来,带着香香的味道,把大家吸引到了小小扎染坊的门口。小朋友们推开门发现墙上挂满了扎染作品,有的像白天金灿灿的太阳,有的像夜晚一闪一闪的星星,每一件都不一样,好像在讲自己的故事。

扎染婆婆笑着出来迎接大家,她拿起一块白白的布,说:"小朋友们,这块普通的白布可以在我们的手中变出美丽的图案! 首先,我们用绳子和小夹子,按照我们心里想的样子,把布轻轻扎起来。就像给布宝宝编一个美美的辫子,每个结里都藏着我们的期待。"

小朋友们听得眼睛都不眨,早就想动手试试啦! 扎染婆婆很有耐心地教大家,每个小朋友都小心地扎着自己的布,心里又好奇又期待。接着,扎染婆婆把扎好的布放进彩色的染缸里,大家的眼睛紧紧盯着染缸。等布拿出来展开一看,白白的布变得五颜六色,漂亮极了! 每一块都不一样! "看,这就是扎染的厉害之处!"扎染婆婆笑着说,"它不只是好玩的手工,还能让我们把心里想的、喜欢的都表现出来。"小朋友们开心地围在一起,分享自己的作品,原来简单地扎一扎、染一染,就能做出这么好看的东西!

从那以后,小小扎染坊成了小朋友们最爱去的地方。一有空,大家就跑过来,跟着扎染婆婆学扎染,小小扎染坊里每天都热热闹闹,充满了笑声。

图 3-9　故事图片

时间过得很快,小朋友们慢慢长大了,可他们心里对扎染的喜爱一点都没变。他们带着在扎染坊学到的本领和梦想,去了更远的地方,用扎染讲述自己的故事,把这份传统又好玩的手艺分享给更多的人。而小小扎染坊,一直留在他们的记忆里,成为一段特别美好、永远忘不掉的快乐时光。

活动三 社会(文化)——邂逅扎染小院

设计意图

中班幼儿的观察探索能力有一定的提升,在本次活动中,通过实地参观扎染小院,幼儿不仅可以直观地了解扎染工艺和其文化背景,还可以亲身体验扎染的乐趣和魅力。这样的活动不仅丰富了幼儿的知识经验,还激发了他们对中国传统文化的热爱。同时,在参观过程中,通过分小组促进幼儿之间的交流与合作,促进他们的社会性发展。

活动目标

1. 热爱和尊重中国传统文化,增强民族自豪感,促进同伴间的交流与合作。

2. 在亲身体验扎染工艺的环境中,了解扎染的基本知识和文化背景。

3. 通过观察和实践,提升观察能力和动手能力,激发对扎染艺术的兴趣。

活动准备

1. 知识准备:幼儿了解《小小扎染坊》的故事。

2. 物质准备:幼儿与家长一起准备小背包,内含笔记本、彩笔、小相机(可选,用于记录)以及适合户外活动的服装。

3. 环境准备:提前与扎染小院联系,确定参观时间和活动内容。

活动过程

1. 回顾《小小扎染坊》的故事,激发兴趣,引出活动主题。

(1)教师与幼儿一起回顾《小小扎染坊》的故事。

(2)教师向幼儿简要介绍扎染小院的情况、参观目的和注意事项,并将幼儿分成若干小组,每组选一名小组长,负责组内成员的安全和纪律。

2. 幼儿分组一同参观扎染小院。

(1)观察与聆听:引导幼儿观察小院内的扎染工具、材料和成品,聆听小院工作人员的讲解,了解扎染的历史、工艺和文化背景。

(2)互动体验:在工作人员允许的情况下,让幼儿尝试简单的扎染操作,如扎结布料、参与染色过程等。

3. 教师引导幼儿分享自己的所见所得,并一起进行小结。

(1)引导幼儿用彩笔在笔记本上画出自己最喜欢的扎染图案或记录下参观的感受。

(2)幼儿展示自己的作品,相互欣赏和评价,教师给予肯定和指导。

延伸活动

回到家中与爸爸妈妈一起画一画自己的扎染故事。

附图片

图 3-10　幼儿参观扎染坊

图 3-11　教师讲解扎染作品

图 3-12　幼儿欣赏扎染围巾

图 3-13　幼儿设计扎染方案

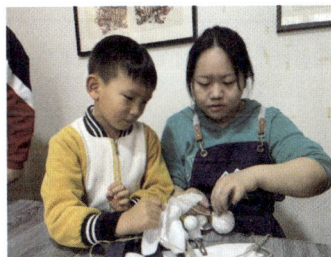

图 3-14　幼儿尝试扎染

图 3-15　幼儿欣赏自己的扎染作品

活动四　科学（实验）——吸水性与扎染

设计意图

本节活动融合科学与艺术元素,激发幼儿对未知世界的好奇心与探索欲。活动鼓励幼儿自主收集不同材质的布料,培养他们的观察能力与动手能力,同时在扎染过程中体验色彩与材质的奇妙结合,感受传统文化的魅力。通过团队合作,幼儿学会沟通与合作,增强社交能力。最终,活动旨在激发幼儿的创造力和审美能力,让他们在探索与创作中享受成长的乐趣。

活动目标

1. 对科学探索和艺术创作产生兴趣,增强自主学习和解决问题的能力,培养合作探索的精神。

2. 自主收集布料,了解不同材质布料的吸水性,并探索其在扎染中的表现。

3. 能够自己动手操作探索吸水性,并学会记录。

活动准备

1. 经验准备：家长与幼儿一起了解布料材质的不同。

2. 物质准备：准备扎染工具（绳子、夹子、橡皮筋、染料、水盆、搅拌棒、吸水纸或干毛巾），设计记录表，供幼儿记录实验过程和结果。

3. 环境准备：设置多个小组，每个组配备必要的材料和工具，确保幼儿有足够的空间进行操作。

活动过程

1. 将幼儿分组，引导幼儿展示自己所收集的布料，激发幼儿参与活动的兴趣。

2. 幼儿分组进行实验设计，根据自己的实验计划进行实验。

（1）小组成员共同讨论实验计划，包括扎染图案设计、布料选择、染料颜色等。

（2）引导幼儿进行猜想，哪种布料的吸水性最好，在扎染中会有什么不同。

（3）幼儿使用绳子、夹子、橡皮筋等工具在布料上进行扎结，创造出独特的图案。

（4）在教师的指导下，幼儿将扎好的布料浸入染料中，控制染色时间。

（5）使用吸水纸或干毛巾轻轻吸去多余染料，然后晾干。

3. 观察与记录。

（1）观察变化：幼儿观察布料在染色过程中的变化，特别注意不同材质布料吸水性对染色效果的影响。

（2）记录结果：幼儿使用记录表记录实验过程和结果，包括布料材质、扎染图案、染色效果等。

4. 教师引导各小组展示自己的扎染作品，并分享实验过程中的发现和感受，并与幼儿一同欣赏作品，讨论不同材质布料在扎染中的表现差异及其原因。

活动延伸

将绳子、夹子、橡皮筋、染料、水盆等材料投放到科学区，引导幼儿继续探究。

附表格

表 3-1　实验记录表

不同材质的布料	吸水性

活动五　健康（体育）——运彩虹

设计意图

"运彩虹"这一中班体育活动，旨在通过一系列富有挑战性和趣味性的闯关环节，综合提升幼儿的多方面能力,同时融入对传统文化的初步认知并激发兴趣。活动也采用分组竞赛的形式,鼓励幼儿与同伴共同完成任务,有助于培养他们的团队合作意识和相互帮助的精神。通过模拟运送扎染染料的情境,幼儿在游戏中接触扎染这一传统民间艺术形式的基本材料,初步了解传统文化的魅力和多样性。

◆ 活动目标

1. 面对不同的关卡挑战,能够积极寻找解决问题的方法,有团队协作能力和互相帮助的意识。

2. 了解扎染艺术的基本材料——染料,激发对传统文化的兴趣。

3. 通过推动小推车运送染料,锻炼手臂力量、平衡感和协调性。

◆ 活动准备

1. 知识准备:知道扎染所需要的材料。

2. 物质准备:彩色染料(模拟扎染用,确保安全无毒)、小推车(数量根据幼儿人数分组)、关卡道具(如平衡木、小隧道、绕桩等)、终点标志及奖品。

3. 环境准备:设置一个起点区、多个关卡区和终点区,每个关卡间保持适当距离,确保安全。

◆ 活动过程

1. 以故事形式介绍活动背景,并展示小推车和染料,激发幼儿兴趣。

(1)引导语:"在一个遥远的彩虹村里,需要小朋友们用智慧和力量,帮忙运送美丽的彩虹染料到扎染工坊,让村子变得更加多彩。"

(2)带领幼儿进行简单的热身操,包括手腕转动、肩部拉伸、腿部踢腿等,为接下来的活动做准备。

2. 教师就幼儿进行分组,并讲解游戏规则,强调安全事项。

(1)游戏规则:每组幼儿需轮流推动小推车,装载染料通过所有关卡,最先到达终点的队伍获胜。

(2)注意事项:推动小推车时要稳,避免碰撞;遇到障碍要减速慢行。

3. 组织幼儿进行闯关挑战。

第一关:平衡木。幼儿须推动小推车平稳通过平衡木,考验幼儿的平衡感和控制力。

第二关:小隧道。设置低矮隧道,幼儿须弯腰低头,小心推车通过,锻炼身体灵活性。

第三关:绕桩行。摆放多个桩子,幼儿须灵活绕行,避免碰撞,增强方向感和反应能力。(可根据实际情况增加更多关卡)

终点冲刺:到达终点后,幼儿须将小推车内的染料"倾倒"至指定区域(模拟扎染过程),完成任务。

教师为每组幼儿颁发参与奖,并为最先到达的队伍颁发优胜奖。

4. 教师引导幼儿分享活动感受,鼓励幼儿在生活中寻找更多关于传统文化的有趣事物,带领幼儿进行放松活动后整理场地。

▶ **活动延伸**

鼓励幼儿在户外活动时举办"彩虹挑战赛",设置更加多样化、更具挑战性的运动任务,激发幼儿的挑战精神和竞争意识。

活动六 科学(数量)——比较多少

▶ **设计意图**

通过融合传统扎染艺术与数学教育,为幼儿提供一个既动手又动脑的学习活动。旨在通过扎染这一富有趣味性的活动,激发幼儿对数量的感知兴趣,使他们在创作中自然而然地提升学习计数和比较数量的能力。同时,通过分组合作与展示分享的环节,培养幼儿的团队合作精神和语言表达能力。此外,活动还注重培养幼儿的审美能力和创造力,让他们在感受传统文化魅力的同时,享受数学学习的乐趣,为未来的数学学习和艺术探索奠定良好的基础。

▶ **活动目标**

1. 激发幼儿对数学和艺术的兴趣,体验动手创作的乐趣,养成逻辑思维。

2. 通过扎染活动,让幼儿在操作中感知和理解 10 以内的数。

3. 培养幼儿对数的识别、计数能力以及比较数大小的能力。

▶ **活动准备**

1. 知识准备:能够点数 1～10,了解 1～10 数字的组成。

2. 物质准备:白色棉布小块若干(分组提供,每组数量不同但都在 10 以内)、扎染材料(棉线、皮筋)、不同颜色的染料、手套和围裙、数字卡片(1～10)、计数工具(如小石子、豆子等)、展示板。

3. 环境准备:教室一角设置为扎染工作区,摆放好所需材料,墙上贴上数字卡片,营造数学氛围。

▶ **活动过程**

1. 通过快速问答或手指游戏,复习数字 1～10,激发幼儿对数字的兴趣,同时,引入扎染与比较:展示扎染作品,并引入今天的主题——不仅要制作扎染,还要比较谁的作品数量多。

2. 引导幼儿在扎染创作中进行数量的认知。

(1)将幼儿分成几组,每组分配不同数量的白色棉布小块(确保每组数量不同但都在 10 以内)。

(2)引导幼儿数一数自己组内的棉布小块数量,并用数字卡片表示出来。

提问:这个组有多少块棉布?哪个组比他们多?哪个组比他们少?引导幼儿进行比较。

(3)幼儿根据自己的喜好,选择扎结方式和颜色进行创作。

在创作过程中,教师可以适时引导幼儿关注数量的变化,比如:你已经用了几块棉布了？还剩下几块？

3. 引导幼儿将各组的作品放在一起,进行数量上的比较。

教师提问:"哪组的作品最多？哪组的最少？你们是怎么看出来的？"鼓励幼儿用自己的语言描述比较过程。

可以使用计数工具(如小石子)来辅助比较,让幼儿更直观地看到数量的差异。

4. 展示与分享:每组派代表上前展示作品,并分享自己组的数量以及比较的结果。

教师与幼儿一同回顾今天的扎染活动,强调数量认知和比较的重要性,鼓励幼儿在生活中多关注数量的变化并进行比较。

▶ 延伸活动

可以在后续活动中,增加更复杂的数量比较任务,比如:比较两组作品中红色棉布的数量。

附图片

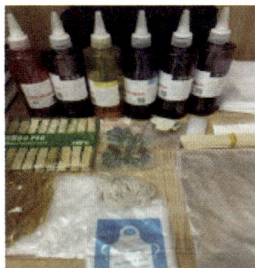

图 3-16　数字卡片　　图 3-17　扎染染料和工具　　图 3-18　小石子

活动七　艺术(音乐)——《欧波扎染》

▶ 设计意图

《欧波扎染》是一首既活泼又相对简单的歌曲。本次活动旨在通过融合音乐与扎染,激发幼儿对传统文化的兴趣与热爱。通过学唱歌曲,幼儿不仅能感受音乐的韵律美,还能在歌词中了解扎染这一传统工艺的独特魅力。同时,结合手工扎染活动,让幼儿在动手操作中体验艺术创造的乐趣,培养他们的审美能力和创造力。整个活动设计注重幼儿的全面发展,旨在让幼儿在享受音乐与艺术的过程中,感受传统文化的深厚底蕴。

▶ 活动目标

1. 激发幼儿对传统艺术的兴趣,培养幼儿的创造力和审美能力。

2. 学唱歌曲《欧波扎染》,理解歌词所表达的传统工艺和色彩之美。

3. 掌握基本的节奏感和旋律感。

▶ 活动准备

1. 知识准备:了解扎染的基本步骤。

2. 物质准备:《欧波扎染》音频。

3. 环境准备：用幼儿的扎染作品布置"扎染工坊"。

活动过程

1. 教师出示扎染作品图片或实物，引导幼儿观察，激发幼儿兴趣。

提问："小朋友们，你们看，这些作品漂亮吗？知道它们是怎么做出来的吗？"

简要介绍扎染是一种传统的染色工艺，通过捆扎布料再进行染色，形成独特的图案。

2. 播放音乐视频《欧波扎染》，让幼儿初步感受歌曲的旋律和歌词内容。

提问：歌曲里提到了哪些颜色？小工艺师们是怎么做扎染的？

引导幼儿用歌曲中的话回答，如"染料多漂亮，一缸一缸红绿黄，白布上面画图案，一行行……"强调歌词中描绘的扎染色彩、工艺步骤等元素。

3. 在幼儿熟悉歌曲后，组织全班幼儿一起演唱，鼓励幼儿用自然、优美的声音表达歌曲情感。

4. 用《欧波扎染》歌曲作为背景音乐，幼儿开始动手进行简单的扎染创作。

幼儿完成扎染作品后，在音乐声中展示自己的作品，并简单介绍创作过程。

活动延伸

引导幼儿将今天对音乐的感受转化为色彩和图案，创作一幅属于自己的"音乐扎染画"。

附简谱

欧波扎染

1=C 4/4

第二周 扎染乐

活动一 艺术（手工）——布艺扎染（第一课时）

活动意图

在幼儿的成长过程中，接触和了解传统文化艺术是至关重要的。中班幼儿对于扎染有一定的了解，其动手能力也有一定的提升，活动中通过引导幼儿初步探索扎染艺术，了解布艺扎染的基本技法与捆绑方法，旨在培养他们的审美感知能力、动手实践能力以及对传统文化的兴趣与热爱。通过直观的展示、详细的讲解和互动的体验,让幼儿在轻松愉快的氛围中感受扎染的魅力,激发他们对传统手工艺的兴趣和好奇心,为后续的实践操作做好充分准备。

◐ 活动目标

1. 愿意动手进行扎染,感受参与传统文化活动带来的乐趣。

2. 了解扎染的基本概念、历史背景及其在中国传统文化中的地位。

3. 学习并初步掌握扎染的基本技法,如折叠、捆绑等步骤。

◐ 活动准备

1. 知识准备:对扎染有初步的了解。

2. 物质准备:方巾、扎染工具(皮筋、绳子等)、课件、扎染视频、扎染成品。

3. 环境准备:将教室一角布置成"扎染展示区",展示扎染成品和相关图片。

◐ 活动建议

1. 出示扎染成品,引导幼儿观察并讨论其特征。

展示扎染的作品,请幼儿说一说扎染作品的特征。

2. 出示视频,了解扎染的历史、文化和制作方法。

(1)出示视频,简要讲述扎染的起源,帮助幼儿感受扎染文化的源远流长。

(2)介绍扎染技法重点讲解折叠、捆绑等关键步骤(三角花扎法、风琴折叠扎法、双边渐变水波纹扎法等)。

(3)展示不同折叠方式和捆绑方法可能产生的图案效果。

3. 鼓励幼儿尝试自己折叠和捆绑方巾,呈现不同效果的扎染作品。

(1)提醒幼儿可以运用不同的折叠方法与捆绑方法,尝试创造性扎染。

(2)教师巡回指导,帮助幼儿解决遇到的问题。

4. 组织幼儿分享与展示自己的扎染作品。

布置"扎染展示墙",展示幼儿的作品。

◐ 活动延伸

将扎染材料投放至美工区,鼓励幼儿自己探索更多的扎染方法。

附图片

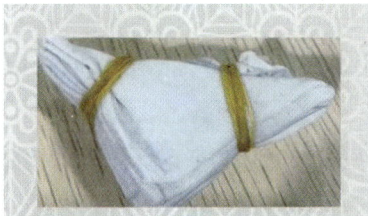

图 3-19　折叠三角花扎法

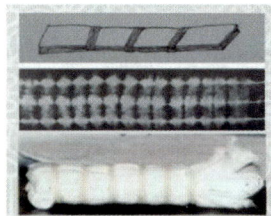

图 3-20　风琴折叠扎法

活动二 社会(品质)—— 色彩挑战者

活动意图

在幼儿教育阶段,艺术活动不仅是幼儿表达自我、感受美的重要途径,也是促进其手部精细动作发展、色彩认知、创新思维及文化传承的重要手段。扎染,作为中国民间传统手工艺之一,因其独特的色彩渐变效果和自由创作的空间,深受幼儿喜爱。本次中班扎染学习捆绑教案设计,通过引导幼儿了解扎染的基本知识,掌握简单的捆绑技巧,激发他们对传统艺术的兴趣与热爱,同时培养其观察力、想象力、创造力及动手能力。

活动目标

1. 通过讨论和实际操作,提升幼儿解决问题的能力,学会在遇到困难时寻求帮助、合作解决问题。

2. 在扎染捆绑的过程中,培养幼儿的耐心与细心,让他们学会享受过程,体验成功的喜悦。

3. 掌握扎染的基本步骤,包括捆绑方式及染色技巧,体验扎染艺术的魅力。

活动准备

1. 知识准备:提前向幼儿介绍扎染的基本知识和文化背景。

2. 物质准备:白色棉布、彩色染料、橡皮筋、塑料盆、手套、围裙、大毛巾。

3. 环境准备:设置扎染工作区,确保通风良好,地面铺设防水布。

活动建议

1. 请幼儿观看扎染作品,引出活动内容。

(1)展示幼儿前期的扎染作品,引导幼儿观察作品中的图案是如何形成的。

(2)组织幼儿讨论:这些图案都是通过哪些捆绑方式形成的?引导幼儿了解捆绑在扎染中的重要性。

2. 简要介绍捆绑的知识与初步尝试。

(1)简要介绍扎染的基本步骤,重点讲解捆绑的技巧及其对图案形成的影响。

(2)幼儿尝试自己进行简单的布料折叠和初步捆绑,教师观察并记录幼儿在操作中的难点和问题。

3. 请幼儿分组讨论,鼓励幼儿尝试不同的方式捆绑,感受合作解决问题的喜悦。

(1)引导幼儿在小组内讨论在初次尝试中遇到的问题,如捆绑不紧、图案不对称等,并讨论解决策略。

(2)鼓励幼儿提出多种解决方案,如使用更多的橡皮筋、寻求同伴帮助调整捆绑位置等,并共同制订实施计划。

4. 请幼儿再次讨论不同的捆绑方式,体会遇到困难时相互帮助的心情。

(1)根据小组讨论的结果,再次进行布料的折叠和捆绑操作。

(2)教师鼓励幼儿细心观察、耐心调整,确保捆绑的紧密度和对称性。

5. 展示捆绑的作品,分享一起解决问题的快乐。

邀请幼儿在全班面前分享自己在捆绑过程中的经验、遇到的困难及解决方法,强调耐心与细心在完成任务中的重要性。

活动延伸

鼓励幼儿在美工区中继续探索和尝试不同的扎染捆绑方法。

活动三　健康(体育)—— 彩色逐尾

活动意图

"彩色逐尾"这一创新体育活动,灵感来源传统的"捉尾巴"游戏,但融入了色彩元素与情境设定,旨在通过丰富多彩的游戏体验,激发幼儿参与体育活动的兴趣,同时有效练习跑动、转身、跳跃等基本动作,提升幼儿的身体协调性、平衡能力和快速反应能力。此外,分小组竞赛的形式可以促进幼儿之间的配合与协作,增强团队合作意识。

活动目标

1. 愿意参与体育活动,学会在游戏中保持积极情绪,有团队合作精神。
2. 能够在游戏中与同伴协作、配合。
3. 练习跑动、转身、跳跃等动作,提高身体协调性和平衡能力。

活动准备

1. 物质准备:幼儿自己扎染的彩色方巾、腰带。
2. 环境准备:设置开阔、安全的户外活动场地,准备轻快、活泼的背景音乐。

活动建议

1. 引导幼儿进行热身活动,为游戏做准备。

带领全体幼儿随着音乐进行简单的热身运动,头部运动、肩部运动、手腕脚腕转动等,为接下来的活动做好准备。

2. 出示彩色方巾,请幼儿探索彩色方巾游戏。

请幼儿自由找朋友,分散探索游戏方式,教师巡回指导。

3. 组织幼儿玩"彩色逐尾"游戏,在一定范围内练习追逐、躲闪跑。

(1)介绍游戏玩法:将扎染的方巾粘到腰带上,幼儿两人一组,一个人摘方巾,另一个人躲,练习在一定范围内追逐、躲闪跑。

讨论:怎样不被对方捉住"尾巴"而自己却能捉住别人的"尾巴"?鼓励幼儿快跑躲、闪身体灵活、动作要快。

(2)提高游戏难度,引导幼儿玩"彩色逐尾"游戏。

可先由教师当捉彩尾的人,引导幼儿练习四散躲闪跑,待幼儿熟练掌握游戏后,请1~3个幼儿当捉彩尾的人继续游戏,被捉到彩尾的幼儿与捉彩尾的人互换角色,游戏重新开始。

4. 组织幼儿玩"尾巴造型"游戏,带领幼儿随音乐进行放松活动。

引导幼儿自己或与同伴合作,创造性地用身体动作和彩尾表现不同动物的形象,如小鸟、小狗、小兔等有尾巴的小动物,也可用手影表现,自由放松身体各部位。

活动延伸

引导幼儿在户外活动中自主进行"彩色逐尾"游戏。

活动四 语言(儿歌)——《扎染乐》

活动意图

《扎染乐》这首儿歌旨在通过生动有趣的语言和旋律,引领中班幼儿走进中国传统民间工艺——扎染的世界。扎染作为一项富有创意和审美价值的艺术形式,不仅能够激发幼儿对传统文化的兴趣与好奇心,还能培养他们的动手能力、色彩感知能力和创造力。本活动通过儿歌学唱与表演,让幼儿在轻松愉快的氛围中了解扎染的基本步骤和特色,进一步激发他们对扎染艺术的热爱与探索欲。

活动目标

1. 了解扎染这一中国传统民间工艺的基本步骤和特色,有探索传统文化的兴趣。

2. 理解诗歌内容,丰富词汇:扎一扎、绕一绕、染一染、洗一洗。

3. 有感情地朗诵诗歌,尝试根据诗歌的内容加上动作。

活动准备

1. 知识准备:知道扎染的基本步骤。

2. 物质准备:课件、扎染的方巾、背景音乐。

3. 环境准备:设置开阔、安全的户外活动场地,准备轻快、活泼的背景音乐。

活动建议

1. 播放扎染工艺的短视频,简要介绍扎染的历史和魅力之处,引起幼儿的兴趣。

提问:这些漂亮的布是怎么变出来的?今天我们要通过一首好听的儿歌,一起去探索这个秘密!

2. 请幼儿欣赏诗歌,理解诗歌内容,引导幼儿注意歌词中的动作描述。

(1)播放课件,朗诵诗歌,帮助幼儿理解诗歌内容。

提问:诗歌中都说了什么?儿歌里做了什么准备工作来开始扎染呢?

(2)请幼儿再次欣赏诗歌,进一步感受诗歌中扎染的基本步骤和特点。

提问:诗歌中是怎么扎染的?用什么方式?引导幼儿边说边用动作表现。丰富词汇:扎一扎、绕一绕、染一染、洗一洗。

3. 请幼儿完整朗诵诗歌,感受扎染的乐趣。

(1)师幼共同朗诵诗歌,鼓励幼儿加上动作朗诵。

(2)通过分段朗诵、分组朗诵等不同形式引导幼儿大胆表现。

(3)请个别幼儿进行表演、朗诵。

活动延伸

请幼儿回家将所学儿歌朗诵给爸爸妈妈听。

附儿歌

扎染乐

小手洗净水波间,布料摊开色彩鲜。

线绳缠绕轻轻绑,奇妙图案即将展。

扎一扎,绕一绕,颜色跳舞在布上。

染一染,洗一洗,彩虹魔法多精彩。

红橙黄绿蓝靛紫,颜料滴落如雨丝。

小小工匠创意多,扎染作品手中握。

扎一扎,绕一绕,颜色跳舞在布上。

染一染,洗一洗,彩虹魔法多精彩。

扎染乐,乐扎染,小朋友,你最棒!

手作艺术乐趣多,明天再绘新画卷。

活动五　科学(常识)—— 染膏是怎样制作的

活动意图

本活动旨在通过深入探索扎染艺术的核心——染膏的制作过程,引导幼儿走进扎染的奇妙世界。通过介绍染膏的制作过程,幼儿了解不同材料作为染料的可能性,拓宽他们的知识面,认识自然界的多样性和色彩变化的奥秘。本活动是以传承文化、拓展知识、培养技能为目标而设计的一次有意义的教学活动。通过本次活动,我们期望幼儿可以在轻松愉快的氛围中,既学到知识,又感受传统文化的魅力,为他们的全面发展奠定坚实的基础。

活动目标

1. 有探索新的色彩和效果的兴趣,有合作意识和探究精神。

2. 让幼儿了解扎染的基本概念和染膏的制作过程。

3. 通过观看多媒体课件和操作,能够了解板蓝根作为天然染料的特性及其在扎染中的应用。

活动准备

1. 知识准备:幼儿有扎染经验,对染膏有初步了解。

2. 物质准备:课件、板蓝根。

活动建议

1. 讲述一个扎染的小故事引出扎染艺术的魅力与神奇。

提问:板蓝根除了可以治病,还可以用来做什么?

小结:板蓝根不仅可以治病救人,还能变成神奇的染料,让我们的布匹变得五彩斑斓。

2. 出示实物,了解板蓝根染膏的制作过程。

(1)展示板蓝根实物,简要介绍其药用价值和作为染料的特性。

提问:为什么板蓝根能作染料呢?它有什么特别的地方吗?

小结:板蓝根因为其独特的成分,能够吸收并固定颜色,成为制作染料的选择。

(2)播放板蓝根染膏制作视频,引导幼儿思考并讨论。

提问:视频里的老师正在做什么?染料的颜色在加热过程中有什么变化?

引导幼儿讨论,如切碎板蓝根的原因、加热的作用等。

(3)师幼一同尝试制作染膏,感受从板蓝根到染膏的神奇变化。

3. 讨论交流不同的天然染料,了解其他的天然材料。

小结:板蓝根染膏只是众多天然染料中的一种,大自然中还有许多其他有趣的材料可以变身为美丽的染料,比如紫甘蓝、洋葱。每种染料都有其独特的色彩和魅力,等待着我们去发现和探索。

⬡ 延伸活动

鼓励幼儿回家后与家人一起尝试用紫甘蓝、洋葱等植物进行拓染,并记录发现和感受。

活动六 科学(分类)——工具大分类

▶ 活动意图

在中班阶段,幼儿正处于对周围世界充满好奇、喜欢动手操作的年龄。数学活动"工具大分类"旨在通过趣味性的扎染木片分类任务,激发幼儿对数学分类概念的兴趣,促进他们观察力、比较能力和逻辑思维的发展。通过实际操作,幼儿能够直观感知并理解形状、大小等属性差异,学会根据这些特征进行分类,为日后更复杂的数学学习和生活应用打下坚实基础。

▶ 活动目标

1. 愿意积极思考和参与图形边角数量的讨论。

2. 感知图形的边、角特征。

3. 能根据扎染木片图形的边数或角数给图形分类。

▶ 活动准备

1. 知识准备:对图形有一定的了解。

2. 物质准备:分类盒、扎染木片、点卡标记、操作纸。

▶ 活动建议

1. 出示正三角形、直角三角形、长方形、正方形各一个,复习图形知识。

提问:这是什么图形?它有什么特点?

重点引导幼儿掌握不同图形的边数和角数。

2. 创设"染染请小朋友帮忙"情境,引导幼儿按边、角特征分类。

(1)学习按角分类。

提问:你会"按角一样多的放一起"给扎染木片分类吗?

我们可以选几个点来表示每个格里图形角的数量呢?

(2)学习按边分类。

提问:你会"按边一样多的放一起"给扎染木片分类吗?

我们可以选几个点来表示每个格里图形边的数量呢?

3. 创设"蓝蓝请小朋友帮忙"情境,巩固分类方法。

提问:蓝蓝要帮木片宝宝染衣服,你能帮帮他们,给他们染上颜色穿新衣服吗?

角数相同的图形宝宝衣服的颜色要一样,角数不同的图形宝宝衣服的颜色要不一样。涂完想一想,如果按边数相同涂颜色,结果会一样吗?

◗ 活动延伸

在益智区用更多的木片拼图形,用指定数量的木片围合拼图形,检查图形的边数和角数。

活动七 艺术(手工)——布艺扎染(第二课时)

◗ 活动意图

本次活动旨在通过实践扎染技艺,引导幼儿亲手制作个性化的方巾,在操作过程中增强幼儿的动手操作能力和实践能力。活动不仅能让幼儿体验传统手工艺的魅力,还能激发他们对色彩、形状及纹理变化的敏锐感知力。投放多样的扎染材料,如染料、方巾、皮筋、木夹、木片等,让幼儿有机会探索不同材料的组合下扎染出的独特花纹,培养创新思维和审美能力。

◗ 活动目标

1. 愿意尝试不同的扎染方式,感知不同材料扎染出的独特花纹,激发幼儿的创新思维。

2. 在了解扎染的基础上,学习并掌握使用皮筋、木夹、木片等新材料进行扎染的新方法。

3. 通过动手实践,提升幼儿的动手操作能力和实践能力。

◗ 活动准备

1. 知识准备:简短回顾第一课时学习的扎染基础知识及捆绑扎染的方法。

2. 物质准备:染料、方巾、皮筋、木夹、木片等扎染材料。

3. 环境准备:将教室一角布置成"扎染展示区",展示扎染样品和相关图片。

◗ 活动建议

1. 通过展示扎染的方巾,引导幼儿回忆上一课时学习的扎染知识和捆绑扎染的基本方法。

提问:之前我们学过哪些扎染方式?今天,我们要学习一些新的扎染方法。

2. 出示新材料,鼓励幼儿探索使用皮筋、木夹、木片等扎染材料的制作方法。

(1)向幼儿展示皮筋、木夹、木片等新材料,简要介绍它们的用途和扎染时可能产生的花纹效果。

(2)鼓励幼儿尝试不同的扎结方式,探索每种材料带来的不同效果。

提问:这些新材料会如何影响扎染的花纹?

小结:皮筋对方巾进行扎结,形成的褶皱和纹理会创造出独特的花纹;木夹将方巾的某一部分夹住并折叠,创造出规则的图案或线条;木片作为间隔物,使染料在布料上形成有趣的留白或图案。

3. 幼儿选择自己喜欢的材料,进行方巾扎染。

幼儿动手实践,教师巡回指导,鼓励幼儿大胆尝试,发挥自己的想象力和创造力,创造出独一无二的作品。

4. 展示幼儿扎染的方巾,鼓励幼儿相互欣赏、交流。

鼓励幼儿向大家介绍自己扎染方巾的材料和方法,引导幼儿相互欣赏。

▶ **活动延伸**

创设"文创商店",鼓励幼儿思考如何将扎染作品应用到日常生活中,鼓励幼儿制作多种多样的扎染作品,放到"文创商店"进行交换。

附图片

图 3-21　包染法步骤图　　图 3-22　捆扎法步骤图　　图 3-23　夹扎法步骤图

第三周　蓝色小花裙

活动一　语言(故事)——《蓝色小花裙》

▶ **活动意图**

本次中班语言活动旨在通过温馨而富有创意的绘本故事《蓝色小花裙》,引领幼儿走进扎染艺术的奇妙世界。故事中主人公与扎染之间发生的趣事,不仅可以激发幼儿对语言文学的兴趣,还能培养他们对中国传统手工艺——扎染的初步认识和喜爱之情。活动旨在让幼儿在享受阅读乐趣的同时,感受扎染图案的独特魅力,理解并尊重传统文化的价值,激发其探索和创新的精神。

▶ 活动目标

1. 对扎染艺术感兴趣,愿意主动了解和学习更多关于扎染的知识。
2. 了解主人公与扎染之间发生的趣事,感受扎染的魅力。
3. 能够根据故事内容,想象自己进行扎染创作时会如何设计图案。

▶ 活动准备

1. 知识准备:了解扎染的过程。
2. 物质准备:《蓝色小花裙》绘本若干册、课件。
3. 环境准备:幼儿围圆而坐,教室悬挂一些扎染的衣物。

▶ 活动建议

1. 出示扎染衣物,引发幼儿兴趣。

提问:你们想知道这条裙子是怎么变得如此美丽的吗?

2. 播放课件,完整讲述故事,引导幼儿初步理解故事内容。

提问:扎染后的裙子发生了什么变化?你喜欢这些变化吗?为什么?

小结:原来,主人公通过扎染,让她的蓝色裙子变得独一无二,布满了美丽的花纹。扎染真是一种神奇的艺术,能让我们的衣服变得更加漂亮。

3. 再次讲述故事,引导幼儿更加深入地理解故事情节和人物情感。

提问:在扎染的过程中,主人公遇到了什么困难?她是怎么克服的?

如果你是主人公,你会用哪些颜色来装饰你的衣服?为什么?

小结:通过扎染,我们可以创造出各种各样美丽的图案,这些图案都是独一无二的。在遇到困难时,只要我们勇敢面对,就一定能找到解决的办法。同时,每个人的审美都是不同的,所以我们会选择不同的颜色搭配来展现自己的个性。

鼓励幼儿积极发言,分享自己的想法和感受。

4. 请幼儿阅读《蓝色小花裙》,进一步理解故事内容,感受主人公的勇敢和创造力。引导幼儿勇于尝试新事物,用自己的双手创造出更多美丽的作品。

▶ 活动延伸

鼓励幼儿回家后与家人分享《蓝色小花裙》的故事,同时在班级图书角投放相关绘本,提供幼儿阅读。

附故事

蓝色小花裙

小玉是个爱漂亮的小姑娘,但她特别容易过敏,她的皮肤常常发痒,尤其是穿新衣服的时候，所以小玉只能穿素色棉布衣服，她总是穿着旧衣服，没有朋友还常常哭鼻子。

有一回，小玉到山上的奶奶家住。老街要举行嘉年华游行，小玉没办法像大家那样穿上漂亮的新衣服去参加，她很伤心地躲在后山哭泣。这时她在树洞里意外遇到一个精灵般的小男孩，小男孩有一支神奇的画笔，在小玉的裙子上画了一朵蓝色小花，而神奇的是小玉的身上没有出现过敏和发痒的情况。

小玉的奶奶知道以后，受到启发，她带着小玉去采摘马兰草回家做染料。奶奶告诉小玉："马兰草里住着神奇的小精灵，只要唱歌给它们听，它们就会帮你把衣服染成漂亮的蓝颜色。"小玉跟着奶奶轻轻地唱："蓝精灵、绿精灵，努力工作好心情，唱首歌来给你听。马兰花，笑盈盈，大豹溪边小蜻蜓，飞来飞去，感谢你，感谢你……"

奶奶把采来的马蓝草浸泡在一个大木桶里。几天后，她把枝叶捞出来，在桶里加入一些石灰，然后拿出一根棍子，让小玉用棍子在桶里搅拌。小玉一边唱歌，一边不停地搅啊搅。水波转啊转，跳出好多蓝色小泡泡，就像是一群蓝精灵，手拉手在木桶里旋转、跳舞。小玉和奶奶一起耐心地搅拌、沉淀染料，在阵阵歌声中，经过辛勤的劳作与漫长的等待终于可以染色了。

奶奶拿出小玉的白色裙子，教她在上面捆捆绑绑，把小白裙扎成一个皱皱的布球。小玉跟着奶奶一边唱歌，一边把布球放进染缸里，慢慢搓，慢慢揉，一遍又一遍，终于染出了美丽的颜色。小玉把布球的线拆开，放到溪水里漂洗，再放在温暖的阳光下晾晒。

风轻轻地吹，蓝色小花裙随风飞舞。小玉笑着大喊："哇！好美的蓝色呀！"

风轻轻地吹，老街的嘉年华游行开始了！浩浩荡荡的队伍，就像一条七彩祥龙穿街而行。小玉穿着蓝色小花裙，和朋友们一起开心地走在游行队伍里。

来来往往的游客都忍不住停下脚步，看着她身上的蓝色小花裙，不停地发出赞叹："好美的蓝呀！"

图 3-24 小玉过敏了　　　图 3-25 小玉和奶奶　　　图 3-26 小玉发现
　　　　　　　　　　　　　一起用马兰草做染料　　　　　"好美的蓝色"

选自绘本《蓝色小花裙》

（张又然. 河北出版传媒集团河北教育出版社，2021 年）

活动二　社会（品质）——彩虹的约定

▶ **活动意图**

本次活动通过扎染作品的展示与分享，为幼儿提供一个温馨、互动的平台，让他们学会倾听、表达和感激。通过让幼儿亲手将扎染作品赠予他人,并附上真挚的感谢或祝福语,幼儿可以亲身体验分享带来的喜悦与满足,并逐渐形成乐于分享、懂得感恩的价值观。虽然本次活动不直接涉及扎染方巾的制作过程,但通过展示已完成的扎染作品,幼儿仍然能够感受中国传统手工艺的独特魅力,激发幼儿对美的追求和向往。

◐ 活动目标

1. 增强幼儿的分享意识,懂得如何分享自己的成果,体验分享带来的快乐。

2. 能够用清晰、流畅的语言介绍自己的扎染作品,提升语言表达能力。

3. 有对美好事物的欣赏能力,能够与他人分享美好事物。

◐ 活动准备

1. 知识准备:理解分享的意思。

2. 物质准备:每位幼儿至少完成一件扎染作品。

3. 环境准备:将教室布置成一个小型展览区,挂上扎染作品,营造温馨的氛围。

◐ 活动建议

1. 组织谈话活动,引发幼儿兴趣。

展示几件扎染作品,引导幼儿欣赏其独特的色彩和图案,激发他们对美的感知。

2. 引导幼儿自由参观展览区,鼓励他们观察作品的细节,感受其独特之处。

提问:你最喜欢哪一件作品? 为什么?

鼓励幼儿表达自己的看法和感受。

3. 组织"彩虹传递"游戏,幼儿手持自己的扎染作品,围成一个圈。

活动规则:音乐响起时,幼儿开始传递手中的作品,音乐停止时,手持作品的幼儿需要向旁边的幼儿介绍自己的作品,并说出一句感谢或祝福的话。

游戏重复进行几次,确保每位幼儿都有机会分享和接收作品。

4. 鼓励幼儿将自己手中的扎染作品赠送给班级内的朋友、老师,培养幼儿感恩与分享的意识。

提问:当你收到别人的礼物时,你是什么感觉? 你想对送礼物的人说些什么?

◐ 活动延伸

组织幼儿在角色区开展"扎染小市集",将自己的扎染作品进行交换或赠送,进一步体验分享的乐趣。

活动三　科学（排序）——按规律排序

◐ 活动意图

中班幼儿正处于逻辑思维发展的关键期,他们开始识别并复制简单的模式。本次活动让幼儿动手操作扎染木片,引导幼儿探索并理解数学中的排序规律。本次活动不仅能让幼儿学习使用重复交替、数量递增或递减等规律进行排序,还鼓励他们大胆创新,尝试创造新的排序规律。这一活动能够培养幼儿的观察力、逻辑思维能力、创新能力以及对数学规律的兴趣和敏感度。

活动目标

1. 能够理解并掌握重复交替、数量递增或递减等基本的排序规律,并能运用这些规律对扎染木片进行排序。

2. 通过动手操作发现问题、解决问题,并尝试创造新的排序规律。

3. 在活动中能按规则边操作边讲述。

活动准备

1. 知识准备:有按 ABAB 排序的经验。

2. 物质准备:多种形状(如圆形、正方形、三角形等)的卡片、颜色和图案各异的扎染木片若干、排序底板或托盘、彩色笔和贴纸。

3. 环境准备:教室一角设置"扎染木片排序区",展示一些预制的排序样本,激发幼儿兴趣。

活动建议

1. 创设情境"奇妙森林",让我们看一看都发生了什么事吧。

2. 创设帮忙"搭桥"的情境,学习以"ABB"为单位的重复排列。

出示断桥图片,提问:"你们看这座桥断了,断桥都有哪几种形状呀?这些木桥都是怎样排列的?都有什么规律呀?你们能帮忙把断桥修复吗?"请幼儿操作。

小结:断桥是按照"方圆圆 方圆圆"这样依次排列的。

3. 创设来到扎染广场看扎染工具的情境,学习以"ABC"为单位的重复排列。

出示图片,提问:你们看,扎染广场上有好多扎染工具啊,都有什么呢?这些工具都是怎样排列的?你发现了什么规律?你们能帮忙把没有摆好工具按照规律摆好吗?

小结:工具是按照"正方形 三角形 圆形"这样依次排列的。

4. 创设一起扎染的情境,探索并尝试创造新的排序规律重复排列。

(1)出示方巾 1,请幼儿观察,提问:我们看看这个没有完成的方巾,它是按照什么规律扎染的呢?你们能动手将方巾 1 按照规律进行扎染吗?

(2)出示方巾 2 图片,请幼儿观察,提问:我们现在来扎染方巾 2,请你们看一看扎染的工具,将方巾规律地扎染。

5. 请幼儿分享自己是如何扎染方巾的,总结规律。

活动延伸

鼓励幼儿发现生活中有规律排序的事物。

活动四 科学(实验)—— 不会掉的颜色

活动意图

幼儿的学习经验是在直接感知、亲身体验、动手操作中获得的,活动中我们将引导幼儿了解明矾等媒染剂在固色过程中的作用,通过实验观察颜色如何在布料上牢固附着,从而理解化学与物理原理在艺术创作中的应用。这种科学原理与艺术实践的结合,不仅丰富了活动内容,也培养了幼儿的科学素养和审美能力。活动旨在通过生动有趣的方式,让中班幼儿了解明矾作为媒染剂在固色过程中的奇妙作用,激发他们的科学探究兴趣,同时学习简单的科学原理。

▶ 活动目标

1. 对科学探索的兴趣,培养观察、思考和解决问题的能力。
2. 了解明矾作为媒染剂的作用,知道明矾能帮助颜色更好地附着在布料上。
3. 能够使用明矾进行简单的固色实验,掌握基本的实验操作步骤。

▶ 活动准备

1. 知识准备:了解扎染的过程。
2. 物质准备:明矾粉末、清水、白色棉布小块、课件。
3. 环境准备:将教室一角布置成"小小科学实验室"。

▶ 活动建议

1. 出示扎染布料样本,引导幼儿讨论,引起兴趣。

提问:你们看这些布料上的颜色漂亮吗?你们知道这些颜色是怎么牢牢地留在布料上的吗?

2. 介绍明矾并分组引导幼儿讨论对明矾的了解,鼓励幼儿提出自己的猜想和假设。

(1)实物展示,介绍明矾作为一种媒染剂的作用。

明矾:它就像个小助手,能帮助颜色更好地附着在布料上,不容易掉落。

(2)每组一块白色棉布和实验记录,引导幼儿分组讨论。

提问:你们认为明矾是怎么工作的呢?为什么它能帮助颜色留在布料上?鼓励幼儿大胆猜测并表达自己的看法。

3. 请幼儿分组动手实验,体验明矾固色的能力。

(1)提醒幼儿注意安全,不要将颜料或明矾溶液弄到衣服或皮肤上。

(2)鼓励幼儿在实验过程中观察布料颜色的变化,并记录在实验记录表上。

4. 请各组幼儿分别展示实验结果,并分享他们在实验过程中的发现和感受。

▶ 活动延伸

鼓励幼儿在科学区用不同的媒染剂进行实验,进一步探索科学的奥秘。

活动五　艺术(手工)——布里生花

▶ 活动意图

本次活动旨在通过创意布料拼贴,引导中班幼儿探索自然之美,激发其创造潜能与审美情趣。活动利用布料碎片、彩纸等材料,模拟花卉形态,培养幼儿的色彩搭配、构图技巧及动手能力。动手制作与分享展示能够增强幼儿自信心与团队合作能力,让他们在创意与美的世界中自由翱翔,享受创造的乐趣。

活动目标

1. 感受扎染艺术中色彩与图案的独特魅力,激发对传统文化的兴趣,培养创新意识。

2. 了解熟悉扎染这一中国传统手工艺的基本知识和步骤。

3. 能够掌握至少两种扎染方法(如捆扎法、夹扎法)进行扎染,并能发挥想象进行创意制作。

活动准备

1. 知识准备:幼儿有扎染的经验。

2. 物质准备:白色棉布(或适合扎染的布料)若干、橡皮筋、夹子、木板或塑料板、各种颜色的染料(确保安全无毒)、大盆或水槽、手套、围裙、纸巾、调色盘、剪刀、水彩笔或蜡笔(用于后续艺术创作)。

3. 环境准备:在教室一角设置扎染工作区,铺上防染布,准备好清水和毛巾。

活动过程

1. 回顾《蓝色小花裙》的故事,激发幼儿兴趣。

引导幼儿讨论:我们扎染的布料还可以做些什么呢?

2. 出示 PPT,引导幼儿回顾扎染的步骤,了解更多扎染的方法。

(1)介绍扎染的方法。

(2)带领幼儿回顾扎染的步骤。

3. 组织幼儿分小组进行扎染,并引导幼儿用扎染好的布料进行艺术创作,教师巡回指导。

4. 幼儿展示自己的作品,讲述创作思路和过程,相互欣赏和评价。

活动延伸

利用幼儿创作的扎染布料设计并制作简单的服饰或配饰,举办一场"扎染服装秀",让幼儿在舞台上展示自己的作品。

附图片

图 3-27　扎染的 T 恤　　图 3-28　用扎染巾装饰的小狗玩偶　　图 3-29　扎染的帆布包

图 3-30　扎染的桌布

图 3-31　扎染的 T 恤挂在网格架上

活动六　健康（体育）—— 彩色纱巾飘起来

活动意图

导入故事,激发幼儿参与游戏的兴趣。虽然游戏本身以个体追逐为主,但可以通过设置团队赛制来增强团队合作意识。同时,游戏中的竞争元素也能激发幼儿的斗志和进取心。在游戏过程中,幼儿之间的互动和交流增多,有助于增进彼此的了解和友谊。同时,面对成功和失败的不同情境,幼儿也能学会如何调整自己的情绪,培养积极向上的心态。

活动目标

1. 愿意参与体育游戏,感受和同伴合作的快乐,有合作和互相帮助的意识。

2. 了解纱巾的多种玩法,理解游戏规则。

3. 能够在游戏中快速反应,身体协调,灵活躲避。

活动准备

1. 经验准备:幼儿玩过你追我赶的游戏。

2. 物质准备:确保每名幼儿至少有一条自己扎染的纱巾。

3. 环境准备:选择一个宽敞、无障碍的户外或室内场地,确保幼儿有足够的空间进行活动。

活动过程

1. 出示染好的纱巾,带领幼儿一起热身,激发幼儿兴趣。

引导语:在"扎染小镇",每一条纱巾都有它的魔力,它能带着我们飞翔、跳舞,今天我们就来和这条纱巾一起玩游戏吧!

2. 教师引导幼儿一起讨论纱巾的玩法,如挥动纱巾、抛接纱巾、绕身体旋转纱巾等,激发幼儿的兴趣。

3. 教师介绍"彩色纱巾飘起来"的基本规则,幼儿分组进行游戏。

(1)规则介绍:手持纱巾的幼儿为追逐者,其他幼儿为逃跑者,追逐者须尝试用纱巾触碰到逃跑者,而逃跑者则须躲避并尽量不被触碰。

(2)分组游戏:将幼儿分成若干小组,每组分配一定数量的纱巾。每组内部先自行练习纱巾追逐游戏,熟悉规则和玩法。

(3)轮换追逐:游戏开始后,每组的追逐者和逃跑者角色可以定期轮换,确保每位幼儿都能体验不同的角色。

4. 教师带领幼儿进行分享讨论,并进行放松活动,整理场地。

（1）集体讨论:游戏结束后,组织幼儿围坐一圈,分享自己在游戏中的感受和体验。引导幼儿思考如何更好地躲避追逐、如何更有效地使用纱巾等。

（2）放松活动:播放轻柔的音乐,引导幼儿进行深呼吸、拉伸等放松活动,帮助幼儿从紧张的游戏状态中恢复过来。

（3）整理材料:鼓励幼儿帮助教师一起整理纱巾和其他活动材料,培养幼儿的责任感和自理能力。

▶ 活动延伸

引导幼儿在户外游戏中探索彩色纱巾的更多玩法。

活动七 艺术（韵律）——飞舞的纱巾

▶ 活动意图

壮族手巾舞具有独特的艺术魅力和深厚的文化底蕴,其动作既简单又富有变化,适合中班幼儿的年龄特点和发展水平。活动通过欣赏和表演壮族手巾舞,引导幼儿感受音乐的韵律美、舞蹈的动作美以及色彩的视觉美。同时,设置"彩虹小镇的舞会"情境,通过角色扮演与情境体验来感受壮族手巾舞的文化内涵和艺术魅力,也用幼儿自己扎染的纱巾进行舞蹈,从而让幼儿更加深入地融入活动中。

▶ 活动目标

1. 感受中国民族舞的美,愿意了解我国的多民族文化,树立民族自信。

2. 了解壮族文化以及壮族手巾舞的基本特点。

3. 学会根据音乐的节奏和旋律,创编简单的舞蹈动作。

▶ 活动准备

1. 知识准备:幼儿已有基本的色彩认知和简单的舞蹈经验。

2. 物质准备:提前染好的彩色纱巾若干(确保每位幼儿有一条)、音乐播放器及欢快的儿童舞会音乐。

3. 环境准备:将教室布置成具有壮族特色的彩虹小镇舞会现场,可以悬挂一些壮族风格的装饰品,如绣球、铜鼓图案等。

▶ 活动过程

1. 出示彩虹小镇的图片,激发幼儿的兴趣。

引导语:这里有一个彩虹小镇,每当有重要的节日时,小镇上的居民们就会用彩色的纱巾跳舞来庆祝,今天他们也邀请我们一起去跳舞庆祝,我们一起去看一看吧。

2. 出示小镇的图片,引导幼儿欣赏小镇的环境,观察小镇人民跳舞的动作。

（1）教师通过介绍小镇,引导幼儿了解壮族的民族文化。

（2）播放壮族手巾舞的视频,引导幼儿初步感受壮族手巾舞的韵律美和动作特点。

（3）通过提问引导幼儿表演掌握基础动作，如甩巾、绕巾、翻巾等。

提问：他们是怎样跳的？你能模仿一下吗？

3. 引导幼儿根据壮族手巾舞的特点和自己的想象，尝试创编一些新的舞蹈动作。

（1）幼儿自由组合成小组，共同商讨并编排一段简短的壮族手巾舞。

（2）每个小组轮流上台展示他们的舞蹈作品，其他幼儿给予掌声。

4. 幼儿与老师一起跳舞参与彩虹小镇的舞会。

播放壮族手巾舞的背景音乐，全体幼儿手持彩色纱巾，在教师的带领下进行集体共舞，感受壮族手巾舞的魅力。

🔶 **活动延伸**

在区角活动时播放歌曲音乐，鼓励幼儿创造性地表演。

附歌曲

到 壮 乡

大班主题活动设计 "染艺之旅"

第四章

主题活动价值

我国地域辽阔、民族众多,每个地区的染色工艺有着不同的特点,具有浓郁的民族特色和文化内涵。不同的材料、不同的工艺和不同的图案,凝聚着各民族劳动人民的智慧,表达了人们共同的对美好生活的向往。《3～6岁儿童学习与发展指南》指出大班幼儿要知道自己的民族,知道中国是一个多民族的大家庭,各民族之间要互相尊重,团结友爱。本主题通过让幼儿初步了解山东、云南、贵州等不同地区的染艺文化和工艺流程,感受不同民族的染艺特色,激发幼儿对中华传统文化的兴趣和热爱。

大班幼儿精细动作进一步发展,操作的目的性增强,有着强烈的好奇心和丰富的想象力。本主题发挥染艺课程较强的操作性和创造性,满足大班幼儿动手实践和探索创新的需求,让幼儿充分发挥想象力和创造力,用心灵去发现和感受中华传统染艺文化的魅力,用自己的方式去创造美,从而传承中华传统文化。

活动通过实地参观、艺术欣赏、绘本阅读、小实验等,让幼儿了解不同印染方法的特点,提升幼儿的观察与分析能力,激发幼儿探究的兴趣。在制作印染作品时,锻炼幼儿的手部精细动作,提高幼儿的想象力和创作力。在展示和分享时,通过讲述创作思路和感受,提升幼儿的语言表达能力和审美能力。让幼儿在参与"染艺之旅"的过程中,得到全面的发展和提升。

主题活动目标

1. 情感与态度:激发幼儿对传统染色工艺的喜爱之情,体验创作的乐趣,培养对中华传统文化的热爱。增强幼儿对不同地区染艺文化的尊重,促进文化包容的意识的增长。培养幼儿在染艺活动中的耐心和专注力,形成积极主动的学习态度。

2. 知识与能力:了解型糊染、扎染、蜡染等不同染艺文化的历史背景、工艺流程和艺术特点;提高观察力、分析能力、动手实践能力;能够用清晰、连贯的语言讲述自己的染艺创作思路和感受,提高语言表达能力。

3. 技能:能选择合适的染艺工具和材料,与同伴合作,耐心、专注地参与染艺活动。能在教师的协助下布置印染的场地,会自主整理各类材料。

4. 转化与发展:鼓励幼儿在欣赏不同染艺作品时能大胆表达自己对美的看法,在传统的工艺基础上进行创新,将自己的想法融入作品中,设计出各种有新意、有个性的染艺作品。

主题活动预设

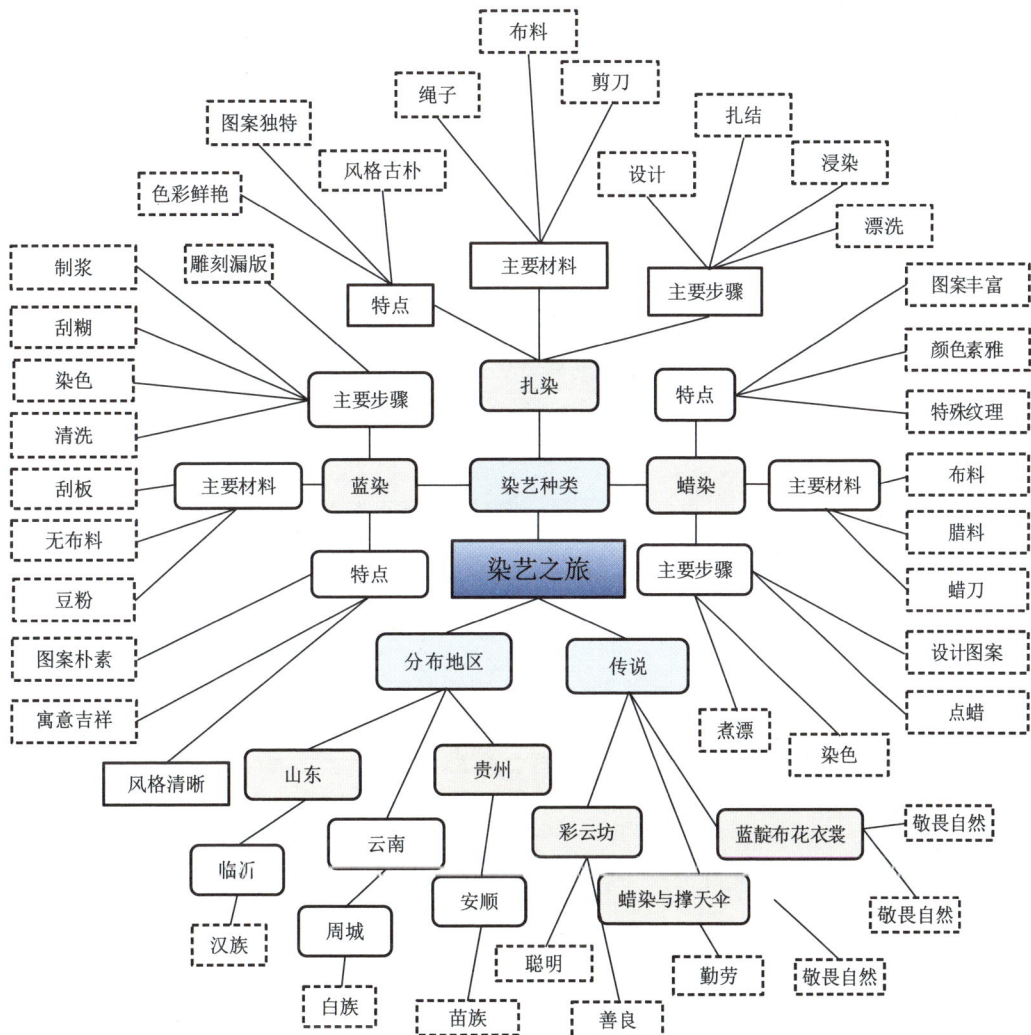

图 4-1　主题活动预设网图

主题活动范围

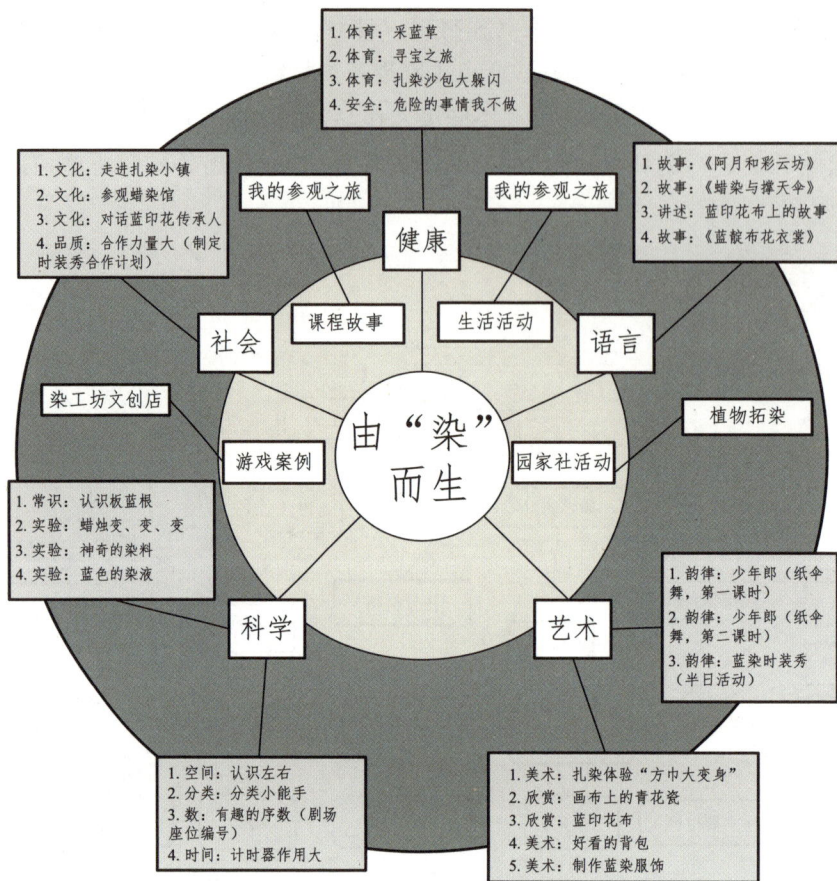

图 4-2　主题活动范围网图

主题活动设计

第一周　彩云坊

活动一　语言（故事）——《阿月和彩云坊》

活动意图

《阿月和彩云坊》生动地展现了大理白族独特的扎染文化。本次活动旨在引导大班幼儿走进这个充满魅力的故事世界。幼儿通过阅读，感受扎染艺术的魅力与神秘，体会白族人民在传承这一传统技艺中的辛勤付出。激发幼儿对传统文化的兴趣和尊重，培养他们的观察力、想象力和语言表达能力，为幼儿的全面发展提供有益的支持。

▶ **活动目标**

1. 感受白族人民对扎染文化的热爱,激发幼儿对扎染文化的尊重和喜爱之情。

2. 提高幼儿的观察力、想象力和语言表达能力,能够清晰地讲述绘本中的情节。

3. 了解扎染的制作过程和背后的故事,知道传统的手艺需要一代一代传承下去。

▶ **活动准备**

1. 知识准备:幼儿对大理白族有初步的了解,知道一些简单的民族特色。

2. 物质准备:故事课件、相关的图片、视频资料、扎染作品展示台。

2. 环境准备:布置具有大理白族特色的活动区域,张贴大理白族扎染的图片。

▶ **活动建议**

1. 介绍故事的主人公,引起幼儿兴趣。

(1)请幼儿观察阿月的衣着和我们有什么不一样,简单了解大理白族的生活习惯。

(2)邀请幼儿到阿月家的彩云坊去看看。

2. 幼儿自主阅读,鼓励幼儿大胆猜测故事发展,分享自己的想法。

(1)请幼儿说一说,彩云坊是干什么的地方,里面有谁,他们都会干什么?扎染之前都需要做哪些准备,扎染的步骤有哪些?

(2)请幼儿说一说自己最喜欢书里的哪一页,为什么?

3. 师生共同阅读,深入了解扎染的制作过程和彩云坊的故事。

(1)师生共同完整阅读。教师通过思维导图帮助幼儿了解扎染制作的全过程,让幼儿体验制作扎染的不容易。

(2)幼儿分组讨论:为什么人们如此喜爱彩云坊的扎染?

4. 播放关于扎染制作过程的视频,引导幼儿感知传承的意义。

(1)请幼儿说一说妈妈为什么要教阿月制作扎染。

(2)鼓励幼儿尝试制作扎染。

▶ **延伸活动**

将故事书放到阅读区,指导幼儿自主阅读。

附故事

阿月和彩云坊

在大理的一个美丽村庄里,有一个名叫"彩云坊"的地方。这里是白族人民传承扎染技艺的地方。

阿月就出生在这个村庄里,她从小就对扎染充满了好奇。

阿月长大一些后,奶奶带着她去种蓝草。蓝草在阳光和微风中茁壮成长,仿佛一片蓝色的海洋。

到了采蓝草的季节,阿月跟着大人们一起早出晚归。奶奶说:"采蓝不易,每一棵蓝草都饱含着我们的汗水。"

彩云坊的布都是自家手工织的。阿月看着奶奶和妈妈忙碌的身影,心里满是敬佩。

夜晚,明月高悬,阿月唱着白族的扎染歌,歌声在村庄里回荡。这首歌,是白族世世代代相传的歌谣,讲述着扎染的起源和故事。

阿月第一次和妈妈学习在布上扎结图案。她小心翼翼地用线把布扎起来,每一个结都充满了期待。爸爸把扎好的布放进染缸里染色,阿月和妈妈再去清澈的小溪边,把染好的布反复漂洗。当把这些布展开晾晒的时候,一幅幅精美的扎染图案呈现在眼前。

心灵手巧的奶奶,用扎染布做成了漂亮的头巾和围裙。温柔的妈妈,用扎染布缝制出了别致的衣服和背包。能干的爸爸,用扎染布制作了各种装饰的挂毯。阿月也不示弱,她用扎染布做了可爱的小玩偶和香囊。

彩云坊的扎染作品越来越出名,吸引了来自四面八方的人们。人们对这些美丽的扎染作品赞不绝口,纷纷把它们带回家。

阿月家的彩云坊声名远扬,背后是白族人民对扎染技艺的热爱和坚守。一双双勤劳的手,创造出的不仅仅是绚丽多彩的扎染布,更是白族传统文化的传承和延续。

图4-3 阿月和奶奶在采蓝草

图4-4 阿月和奶奶、妈妈在染布

图4-5 阿月和奶奶在晒布

图4-6 阿月分享扎染的作品

活动二 社会(文化)——走进扎染小镇

▶ 活动意图

云南大理白族扎染是我国传统的民间艺术,具有独特的文化魅力。通过本次活动,幼儿能够了解扎染的工具、材料和工艺,感受少数民族对扎染的热爱,拓宽视野,增强他们对民族文化的认同感和自豪感。

◆ **活动目标**

1. 培养幼儿对民族文化的兴趣和尊重,激发幼儿的民族自豪感。

2. 通过线上参观活动,了解扎染的多种用途。

3. 了解云南大理白族扎染的工具、材料和工艺,感受少数民族对扎染的热爱。

◆ **活动准备**

1. 知识准备:幼儿对少数民族文化有一定的了解。

2. 物质准备:电脑、投影仪、相关的扎染图片和视频资料。

3. 环境准备:布置"扎染小镇",邀请一位对扎染有深入了解的家长或老师作为讲解员。

◆ **活动建议**

1. 展示扎染作品,引起幼儿的兴趣。

(1)请幼儿近距离欣赏扎染作品的颜色和图案,感受扎染的美。

(2)出示身穿民族服饰的白族人民扎染的图片,告诉幼儿在云南大理有一个扎染小镇,那里家家户户都会扎染。

2. 利用视频创设"走进扎染小镇"的情境,让幼儿简单了解扎染的起源和特点。

(1)播放视频,讲解员结合视频,向幼儿介绍扎染的工具、材料和工艺,如扎染所用的布料、染料、针线等,介绍扎染的基本步骤,如扎花、浸染、拆线等。

(2)请幼儿自由提问,讲解员随机进行解答。

(3)讲解员介绍少数民族与扎染的故事,让幼儿了解扎染在少数民族生活中的重要地位。

3. 请幼儿分享自己对扎染的感受和想法,对扎染有进一步的认识。

(1)请幼儿说一说自己最感兴趣的地方,引导幼儿积极思考,发表自己的看法。

(2)请幼儿想一想扎染除了可以用来制作衣服和装饰品,还可以用在哪些地方。

鼓励幼儿向白族人民学习,自己动手扎染。

◆ **延伸活动**

将相关视频推送至家长群,请幼儿看视频给家长做讲解。

附图片

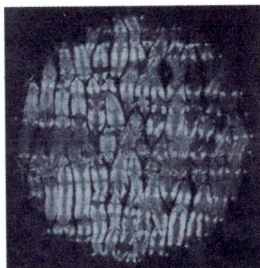

图 4-7 蓝泡泡转圈圈　　图 4-8 小鲸鱼摇摇乐　　图 4-9 花朵捉迷藏

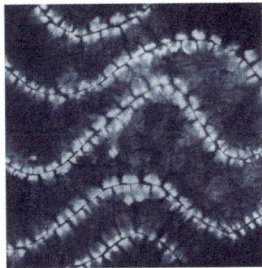

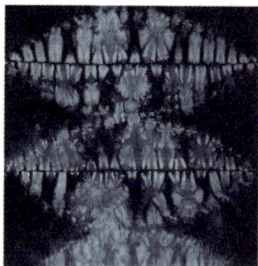

图 4-10　树叶上的精灵　　　图 4-11　流星滑梯　　　图 4-12　魔法跳格子

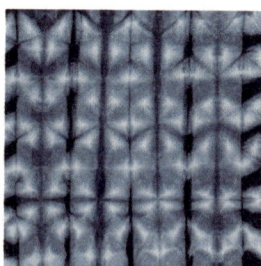

活动三　健康（体育）—— 采蓝草

▶ 活动意图

蓝草是制作蓝染染膏的主要原料,采摘蓝草需要一定的勇气和技巧。本次活动以采摘蓝草为情境,让幼儿在模拟的环境中体验合作与挑战,激发幼儿的运动兴趣,培养其勇敢、坚持和合作的品质,同时通过攀爬动作的练习,促进幼儿身体协调能力的发展。

▶ 活动目标

1. 通过小组的合作感受集体的力量。

2. 能够不怕困难,敢于接受挑战,坚持完成任务。

3. 练习攀爬的动作,锻炼幼儿的身体协调能力。

▶ 活动准备

1. 知识准备:提前给幼儿讲解蓝草的特点和价值,以及攀爬的基本技巧和安全知识。

2. 物质准备:攀爬架若干、蓝草模型若干、海绵垫子若干、小篮子若干。

3. 环境准备:在空旷的户外场地设置攀爬区域,将蓝草模型分散放置在攀爬架周围。

▶ 活动建议

1. 创设采蓝草的情景,和幼儿一起做好热身和场地准备。

(1) 带领幼儿进行全身的热身运动,如头部转动、肩部伸展、腰部扭转、膝关节活动、手腕脚踝转动等,充分热身。

(2) 请幼儿观察场地,看看哪里需要防护,合作铺好海绵垫子。

2. 小组合作,完成采蓝草的任务,锻炼攀爬的能力。

(1) 幼儿自由结伴,4～5人一组,小组成员合作翻越攀爬架,到达指定位置采摘"蓝草",放入小组的篮子中。

(2) 幼儿自主练习,教师提醒幼儿注意安全,提示幼儿可以分工合作。

(3) 提升难度,增加障碍物,鼓励幼儿相互帮助,克服困难。

(4) 正式比赛,在规定时间内采摘到蓝草数量最多的组为胜。

3. 模仿"打蓝"的动作,进行放松。

引导幼儿一起放松,捶打腿部和手臂肌肉等,交流活动中的感受和体验。

> 延伸活动

鼓励幼儿在户外活动的时候做好防护,练习攀爬的本领。

附场地安排图

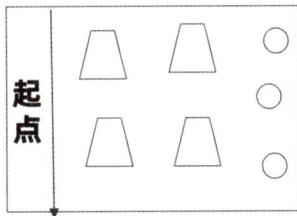

图 4-13　场地安排图

活动四　科学(常识)——认识板蓝根

> 活动意图

　　板蓝根是一种常见且具有独特价值的植物。本次活动通过让大班幼儿认识板蓝根,引领他们走进神奇的植物世界。让幼儿了解板蓝根不仅能入药治病,还能作为染料、制作美食等。在观察和探索中,培养幼儿的观察力、思考力和对自然科学的热爱,激发他们对周围世界的好奇心和探索欲望,为未来的学习和成长奠定基础。

> 活动目标

　　1. 了解板蓝根的生长过程,知道板蓝根能够入药、做染料、做菜等。

　　2. 能够辨别板蓝根的根、叶和花。

　　3. 激发幼儿探索板蓝根的兴趣,感受植物的神奇。

> 活动准备

　　1. 知识准备:讲解常见植物的特点和用途,引发幼儿对植物的关注。

　　2. 物质准备:准备新鲜的板蓝根种子、植株、干的板蓝根药材,图片、视频、放大镜等,提前请厨房制作板蓝根菜肴。

　　3. 环境准备:布置一个以板蓝根为主题的展示区,展示相关图片和实物。

> 活动建议

　　1. 创设"板蓝根展览馆"的情境,激发幼儿探究的兴趣。

　　(1)请幼儿自主参观,交流自己的发现。

　　小朋友们,今天我们来参观"板蓝根展览馆",请仔细观察,把你的发现记录在本子上。

　　(2)请幼儿交流自己的发现,教师总结提升。

　　(3)分组观察板蓝根植株,用放大镜仔细查看种子、根、叶和花的细节,鼓励他们相互交流,记录自己的发现。

2. 播放视频,了解板蓝根生长的过程和它的多种用途。

(1)播放板蓝根生长的视频。

让幼儿说一说板蓝根生长的过程,将课件中的图片按照正确的生长过程进行排序。

(2)播放用板蓝根制作药材、实物和染料的视频。

(3)请幼儿说一说自己的感受。

3. 品尝板蓝根制作的菜肴,感受板蓝根与人们生活的关系。

(1)今天幼儿园的大厨用板蓝根给我们制作了美味的菜肴,我们一起来尝一尝。

(2)请幼儿分享一下菜的味道,说一说生活中哪些地方我们会用到板蓝根。

◆ 延伸活动

在种植区种植板蓝根,观察记录板蓝根的生长过程。

◆ 附图片

图4-14 板蓝根种子　　　　图4-15 板蓝根　　　　图4-16 板蓝根药材

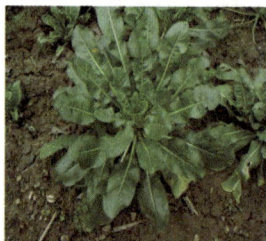

古法蓝靛泥的制作方法如下。

1. 准备材料:蓼蓝、水、石灰。

2. 浸泡:将蓼蓝放入水缸中加水浸泡2~3天,等颜色翻青之后,再把青色水沥清后沉淀2~3天。

3. 加石灰:按比例将石灰倒入纱网,再将纱网放入水缸顺时针搅拌,直至纱网中的石灰全部溶解于水中。

4. 打蓝:用水瓢将缸内浊水全部舀入另一个空缸中,这样来回7~8次,让石灰与空气充分接触。经过氧化反应,青水变为蓝水,被称为"打蓝"。

5. 沉淀:等蓝色凝结、沉于水底,抽干缸内余水,在日光下暴晒几日,"蓝靛泥"便制作完成了。

活动五 科学(时间)——计时器作用大

◆ 活动意图

时间是一种抽象的概念,对于大班幼儿来说较难理解。本次活动旨在通过观察沙漏和计时器,让幼儿感受时间的流逝,从而建立初步的时间观念,明白时间的宝贵,懂得珍惜时间,在操作中提升对时间的感知和掌控能力。

活动目标

1. 建立初步的时间观念,懂得珍惜时间。

2. 能够操作沙漏、计时器等,尝试自己掌握时间。

3. 学会看沙漏和计时器上的时间。

活动准备

1. 知识准备:幼儿对时钟有初步的认识。

2. 物质准备:不同规格的沙漏、电子或机械计时器若干、矿泉水、拼图。

3. 环境准备:布置一个充满时间元素的活动区域,如张贴时钟图片等。

活动建议

1. 引导幼儿观察沙漏和计时器,了解其基本构造和使用方法。

(1)教师出示沙漏和计时器,请幼儿说一说其用途。

(2)请幼儿观察桌子上的沙漏和计时器,讨论上面数字的作用和读数方法。

(3)幼儿交流自己的发现,教师总结提升。

2. 幼儿操作沙漏和计时器玩游戏,感受时间长度。

(1)感受一分钟。请幼儿操作沙漏和计时器,先静静地感受一分钟的长度,再用一分钟整理玩具,说一说自己的感受。

(2)提矿泉水比赛。幼儿双手各拿一瓶矿泉水侧平举,看谁坚持的时间长。各组自己设定时间,看哪组获胜。

(3)拼图比赛。两组分别用沙漏和计时器定时 3 分钟,看哪组能在规定的时间内完成。

3. 联系生活,请幼儿说一说什么时候会用到计时器。

在一日生活的各环节中可以利用计时器锻炼幼儿尽快完成自己的事情,不拖拉,增强幼儿的时间观念。

延伸活动

在生活活动中运用计时器进行计时,帮助幼儿建立时间观念。

活动六　艺术(美术)—— 扎染体验"方巾大变身"

活动意图

扎染是我国民间传统而独特的染色工艺,具有丰富的文化内涵和艺术价值。幼儿之前已经有了初步的扎染经验,本次活动旨在让幼儿进一步亲身感受扎染的独特魅力,通过实践操作,鼓励幼儿大胆进行各种技法的组合,制作富有个性的作品,培养幼儿的创造力和审美能力,激发幼儿对扎染这一传统艺术的兴趣,让幼儿在实践中产生传承和保护传统文化的意愿。

活动目标

1. 激发幼儿对扎染艺术的喜爱之情,感受传统文化的魅力,愿意传承扎染技艺。

2. 能够运用扎染的几种技法,如捆扎法、折叠扎法、夹扎法等,创造性地进行扎染操作。

3. 了解扎染的基本原理和常见的扎染图案,感受扎染图案奇妙的变化。

▶ **活动准备**

1. 知识准备:幼儿对颜色有基本的认知,了解简单的染色概念。

2. 物质准备:白色方巾若干、染料、橡皮筋、夹子、手套、围裙、水桶、托盘、展示架。

3. 环境准备:布置扎染艺术展示区,展示各种扎染作品。

⬡ **活动建议**

1. 播放扎染的视频,引起幼儿的回忆。

(1)展示扎染作品,引起幼儿的兴趣和好奇心。

(2)用图片帮助幼儿回忆捆扎法、折叠扎法、夹扎法等扎染技法。

2. 出示扎染的材料,激发幼儿探索的欲望。

(1)请幼儿说一说自己认识的材料以及使用的方式,教师进行补充。

(2)鼓励幼儿尝试用不同的材料和方法进行组合。

3. 幼儿体验扎染,教师指导。

(1)幼儿分组选择自己喜欢的技法,对白色方巾进行扎结。

(2)教师巡回指导,帮助幼儿拍照记录,便于幼儿观察扎染前、后方巾的变化。

(3)幼儿尝试浸染、冲洗和晾晒的步骤。

引导幼儿自己计时进行三染三晒(每次 10 分钟),注意观察方巾颜色的变化,仔细将多余的染液冲洗干净。

4. 请幼儿分享自己扎染过程中的收获,感受扎染的神奇。

(1)请幼儿自由交流自己的收获,教师加以肯定。

(2)出示方巾捆扎和解绑后的对比图片,感受不确定的图案变化带来的神奇感受。

(3)鼓励幼儿将染好的方巾进行二次运用,制作手工文创。

▶ **延伸活动**

在美工区指导幼儿用扎染的方法制作帽子、围巾、头花等更多的作品。

附图片

图 4-17 扎染步骤图

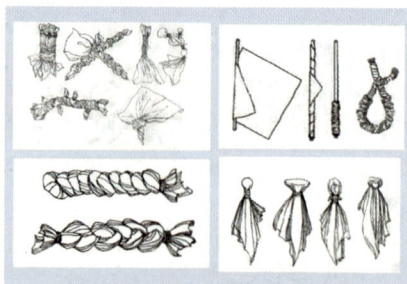

图 4-18 捆扎方法图

活动七 艺术(韵律)——《少年郎》(纸伞舞,第一课时)

▶ 活动意图

大班幼儿肢体的协调能力和节奏感较强,具有一定的自主学习和创新能力。本次活动通过图片引导幼儿自主学习舞蹈动作,初步掌握动作要领并随能音乐舞蹈,培养幼儿的观察力、自学能力,锻炼幼儿的节奏感和肢体的表现力,激发幼儿对舞蹈的兴趣,促进其艺术素养的提升。舞蹈从音乐的选择到道具的使用都凸显了国风特色,旨在让幼儿感受传统音律和文化的魅力。

▶ 活动目标

1. 感受国风舞蹈的独特韵味,激发对传统文化的热爱。
2. 跟随音乐有节奏地完成舞蹈动作,锻炼身体协调能力,增强节奏感和表现力。
3. 能够看图模仿舞蹈动作并与同伴合作完成队形变化。

▶ 活动准备

1. 知识准备:幼儿已具备一定的舞蹈基础和节奏感。
2. 物质准备:每人一把蜡染纸伞,相关舞蹈动作的图片,音乐等。
3. 环境准备:布置富有国风特色的舞蹈教室。

▶ 活动建议

1. 播放音乐,营造氛围,激发幼儿的兴趣。

(1)播放音乐,请幼儿简单说一说听到音乐后的感受。

(2)教师手持纸伞,伴随音乐展示一段精彩的纸伞舞,引起幼儿的兴趣。

2. 出示舞蹈动作的照片,引导幼儿尝试自主学习。

(1)教师出示舞蹈动作图片,先请幼儿观察、模仿,然后教师示范,幼儿自己纠正动作。

教师可用语言提示,帮助幼儿记住动作要领。重点指导幼儿的弓步姿势和身体转向的角度。提醒幼儿保持足够远的距离。

(2)出示花朵的图片,请幼儿分组练习,如何合作拼成花朵的队形,教师指导。

请配合较好的组进行演示,为其他组参考提供。

(3)师生共同随音乐进行完整的表演并用视频进行记录。

3. 观看自己舞蹈的视频,分享交流感受。

(1)播放幼儿自己的舞蹈视频,请幼儿说一说哪里好?还有哪里需要改进?

(2)教师肯定幼儿的进步,鼓励幼儿继续练习。

▶ 延伸活动

将音乐和雨伞投放到音乐区,指导幼儿按照图示自己练习舞蹈。

附动作说明

动作说明

前奏:背身,双脚并拢,挺直腰背,左手背后,右手握住雨伞中间,将伞竖直立于身体一侧,伞尖触地。

[1] 转身,右手自右往左曲臂于胸前,头微微扬起,眼睛看向前方。

[2] 右脚弓步,身体转向右侧,右手持伞向右侧伸平,眼睛看向伞尖。

[3] 双手持伞自身体右侧画圈至左侧,眼睛随着雨伞移动。

[4] 抱拳于胸前,伞尖冲下,眼睛看向前方。

[5] 双手用力将伞柄垂直向上举起,伞面完全打开在头顶上方,眼睛看向上方。

[6] 踮脚,自右往左自转一周。

[7] 双手握住伞柄,将雨伞放至身体正前方,眼睛随着雨伞移动。

[8] 双手配合,伞尖冲前,快速转动雨伞。

[9]—[16]:幼儿自编动作或自创队形变换。

[17]—[25]:重复 [1]—[8] 的动作

附歌曲

少年郎

作词:吴波
作词:彭均

第二周 蜡染与撑天伞

活动一 艺术（欣赏）—— 画布上的青花瓷

活动意图

蜡染和青花瓷在色彩上有很多相似之处,都是以蓝白两色为主,呈现清新、素雅的风格,营造简洁而宁静的氛围,因此蜡染又被称为"画布上的青花瓷"。本活动引导幼儿将之前欣赏青花瓷的经验迁移到蜡染欣赏中。让幼儿在欣赏蜡染的过程中,感受其独特的颜色和图案之美,了解蜡染与少数民族生活的关系,增进幼儿对多元文化的认知和欣赏能力,培养幼儿对传统工艺的喜爱。在观察和比较青花瓷与蜡染的异同中,充分激发幼儿的想象力,鼓励他们大胆设想不同艺术形式所传达的情感和意义,培养对传统文化的尊重和热爱之情。

活动目标

1. 引导幼儿观察和欣赏贵州蜡染的图案和色彩,感受其独特之美。

2. 鼓励幼儿将欣赏青花瓷的经验迁移到对蜡染的欣赏中,提高审美能力。

3. 帮助幼儿了解蜡染在少数民族生活中的作用和意义,增进对少数民族文化的尊重和理解。

活动准备

1. 知识准备:幼儿已具备欣赏青花瓷的基本经验,对图案和色彩有一定的认知。

2. 物质准备:贵州蜡染作品的图片或实物、展示架、多媒体设备、绘画工具等。

3. 环境准备:布置一个具有民族特色的展示区域,展示相关的蜡染作品和图片。

活动建议

1. 出示青花瓷和贵州蜡染的图片,引导幼儿观察其异同。

（1）出示青花瓷的图片请幼儿观察并说一说青花瓷哪里好看,引起幼儿的回忆。

（2）出示贵州蜡染的图片请幼儿对比青花瓷和蜡染哪里一样、哪里不一样,教师幼儿归纳提升。

2. 利用多媒体,引导幼儿感受蜡染颜色、图案、造型之美。

（1）为幼儿提供蜡染作品,请幼儿近距离地观察触摸并自由交流。

教师鼓励幼儿说说蜡染作品摸上去是什么感觉、上面的图案像什么。

（2）出示图片,引导幼儿观察自然纹、几何纹、螺旋纹和冰纹等主要装饰花纹。

（3）播放视频,请幼儿了解蜡染的制作过程,知道蜡染所用的材料和工具,欣赏蜡染的服饰、床单、背包等。

3. 提供绘画工具,请幼儿用绘画的方式设计蜡染图案。

（1）鼓励幼儿根据自己对蜡染的理解,创作简单的蜡染图案。

（2）教师巡回指导,鼓励幼儿发挥想象力,大胆创作。

（3）邀请幼儿展示自己的作品，并分享创作思路和感受。

延伸活动

鼓励幼儿在美工区用油水分离画的方式感受蜡染独特的美。

附图片

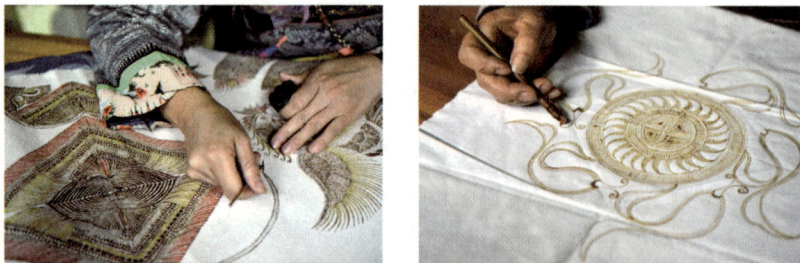

图 4-19　贵州蜡染传承人榕江秀技艺

贵州蜡染的典型花纹特点包括以下几点。

1. 自然纹：取材于花、鸟、虫、鱼等自然物种，经过夸张取舍后，呈现出独特的艺术效果。

2. 几何纹：多采用四面均齐、左右对称的构图方式，点、线、面变化有致，主次分明，整体效果统一。

3. 螺旋纹：镇宁一带的布依族蜡染多使用螺旋纹，其典型纹样为水纹，结构严谨、对称统一。

4. 冰纹：在浸染过程中，作为防染剂的蜡自然龟裂，使布面呈现特殊的"冰纹"，尤具魅力。

活动二　社会（文化）——参观蜡染馆

活动意图

蜡染是我国民间传统纺织印染手工艺，具有独特的民族风格和艺术价值。本次活动通过组织幼儿参观蜡染馆，让他们亲身感受蜡染的历史文化，了解蜡染所用的工具、材料和工艺流程，激发幼儿对蜡染的兴趣，增强他们对传统文化的认知和尊重。

活动目标

1. 了解蜡染所用的工具、材料、工艺流程，激发幼儿对蜡染的兴趣。

2. 通过参观活动，感受蜡染的历史文化。

3. 培养幼儿的观察力、想象力和审美能力。

活动准备

1. 知识准备：幼儿对蜡染有初步的了解。

2. 物质准备：联系蜡染馆，确定参观路线；准备幼儿外出所需的物品，如帽子、水壶等。

3. 环境准备:提前熟悉参观的路线,联系相关的工作人员。安排好家长志愿者协助教师管理幼儿,确保安全。

▶ 活动建议

1. 提醒幼儿做好出发前准备,增强幼儿自我管理的意识。

(1)教师向幼儿简单介绍参观蜡染馆,激发幼儿的兴趣。

(2)提醒幼儿参观时的注意事项,如遵守纪律、不乱跑乱摸等。

2. 参观蜡染馆,了解有关蜡染的历史和制作工艺。

(1)提醒幼儿认真聆听工作人员的介绍,了解蜡染的起源和发展等历史与文化背景。

(2)参观蜡染所用的工具和材料,如蜡刀、棉布、蜡、染料等,让幼儿知道这些工具的使用方法。

(3)观看蜡染制作的过程,并参与体验活动,让幼儿大概了解蜡染的工艺流程,包括画蜡、染色、脱蜡等步骤。

(4)请工作人员讲解具有代表性的蜡染作品,让幼儿观察其图案、色彩和构图,鼓励他们大胆发表自己的感受和想法。

3. 请幼儿表征参观蜡染馆的收获,加深对蜡染的美好感受。

(1)师生通过照片等回顾参观的过程,组织幼儿将自己的所见、所闻、所想记录下来并进行交流。

(2)鼓励幼儿回家后与家人分享今天的参观经历,进一步加深对蜡染的了解和认识。

▶ 延伸活动

请幼儿将在蜡染馆里的所见所闻讲给家人听一听。

活动三　健康(体育)—— 寻宝之旅

▶ 活动意图

大班幼儿能够在较窄的物体上行走一段距离,但是发展不均衡,速度也快慢不一。本次活动以"寻宝之旅"为主题,创设游戏情境,通过寻找蜡染宝物的游戏,激发幼儿的参与兴趣,提高幼儿的平衡能力和协调能力,培养幼儿的团队合作精神和竞争意识。

▶ 活动目标

1. 培养幼儿的团队合作精神和竞争意识,增强幼儿的自信心。

2. 通过寻找蜡染宝物的游戏,锻炼幼儿的平衡能力,提升团队合作意识。

3. 能够快速地通过平衡木并能在一定间隔的物体上较平稳地行走。

▶ 活动准备

1. 经验准备:幼儿平衡能力具有初步的发展。

2. 物质准备:蜡染宝物若干(可以用彩色球或小玩具代替)、平衡木、独木桥、间隔摆放的砖头或积木等道具,活动场地布置成寻宝场景。

3. 环境准备:确保活动场地安全,无障碍物。

▶ **活动建议**

1. 教师带领幼儿进行全身热身运动,做好活动准备。

(1)头部转动、肩部伸展、腰部扭动、腿部拉伸等。

(2)引导幼儿进行平衡练习,如单脚站立、闭眼站立等。

2. 教师向幼儿介绍游戏背景,激发幼儿兴趣。

(1)今天我们要进行一场寻宝之旅,在寻找蜡染宝物的过程中,会遇到一些挑战,需要小朋友们勇敢地面对。

(2)讲解游戏规则:幼儿分成若干小组,每组轮流进行寻宝。幼儿需要通过平衡木、独木桥等道具,到达宝藏所在的地方,找到蜡染宝物。在行走过程中,要保持身体平衡,不掉落道具。找到宝物后,将宝物带回起点,交替进行,下一组幼儿继续进行游戏。

3. 由易到难进行比赛,培养幼儿的团队合作和竞争意识。

(1)第一轮游戏:集体寻宝。

教师将幼儿分成两组,带领幼儿一起通过平衡木、独木桥等道具,到达宝藏所在的地方,寻找蜡染宝物。教师在旁边指导幼儿,提醒幼儿注意安全,保持平衡。

(2)第二轮游戏:小组寻宝。

幼儿分成若干小组,每组轮流进行自主寻宝。每组幼儿需要在规定的时间内找到尽可能多的蜡染宝物。教师记录每组幼儿找到的宝物数量,评选出优胜小组。

4. 放松环节。

教师带领幼儿进行放松运动,如深呼吸、全身放松等,并对活动进行总结,引导幼儿收拾活动道具,整理活动场地。

▶ **延伸活动**

户外活动时,鼓励幼儿多练习平衡类的游戏,提高平衡木的通过速度。

附场地安排图

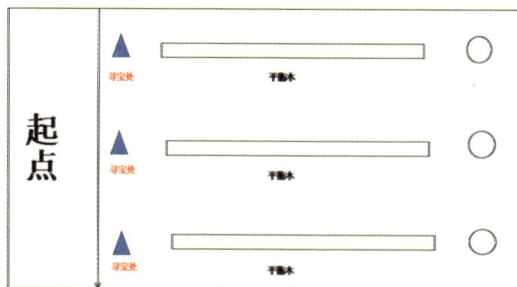

图 4-20 场地布置示意图

活动四 语言（故事）——《蜡染与撑天伞》

▶ 活动意图

蜡染作为我国传统的民间艺术形式,蕴含着丰富的文化内涵和独特的艺术魅力。《蜡染与撑天伞》讲述了天地初开不稳定,十位老人支撑不住时请娃爽帮忙,娃爽用云雾织成白布,经小蜜蜂蹭上蜂蜡、蓝草染色等奇妙经历,最终制成蓝底白花布并缝成撑天大伞稳固天空,还将蜡染技艺传授人间的故事。本次活动通过讲述传说故事,让幼儿了解蜡染的起源,感受劳动人民的智慧和创造力,激发幼儿对传统文化的兴趣和热爱。

▶ 活动目标

1. 对传统蜡染文化产生兴趣和喜爱之情,感受蜡染世代相传的美好。

2. 能够用自己的语言讲述娃爽为保护人间所付出的努力。

3. 了解蜡染的传说,认识蜡染的基本特点和制作过程。

▶ 活动准备

1. 知识准备:幼儿对民间传说和传统手工艺有初步的了解。

2. 物质准备:与故事相关的图片或动画视频,白色布料、蜡笔、染料等蜡染材料。

3. 环境准备:布置一个具有民族特色的活动区域,展示蜡染作品。

▶ 活动建议

1. 欣赏蜡染雨伞,引发幼儿的兴趣。

（1）展示蜡染雨伞,引发幼儿想象。

如果蜡染雨伞变得像天一样大,会有什么用处呢?

（2）出示娃爽和阳雀的蜡染形象,激发幼儿听故事的兴趣。

2. 结合图片讲述故事,帮助幼儿理解故事内容。

（1）展示图片讲述故事,请幼儿自由表达自己听完故事的感受。

（2）再次讲述故事,请幼儿说一说娃爽是如何制作撑天大伞的。

（3）分组讨论:娃爽的撑天伞帮助人们做了什么。鼓励幼儿分享自己对娃爽行为的看法,感受其为保护人间所做的努力。

3. 播放视频,感受蜡染世代相传为人们带来的美好生活。

（1）播放蜡染视频,请幼儿感受现在的蜡染和娃爽制作撑天伞的相似之处。

（2）展示蜡染制作的服饰和生活用品,让幼儿感受蜡染与生活的关系。

▶ 延伸活动

将绘本投放到阅读区指导幼儿自主阅读《蜡染与撑天伞》的另外一部分。

附故事

蜡染与撑天伞

远古时期,有十位老人将天地分开,但是天地初成,非常不稳定。有时天地松动,山石坠落、河水泛滥,地上的人和动物都遭殃。后来十位老人实在支撑不住了,就让其中一位老人翻山越岭,去请懂造化的女神——娃爽来帮忙。

娃爽知道人类的遭遇,爽快地答应了十位老人的请求。只见她在空中一挥手,云和雾就乖乖飘来,自动织成了白色的布。空中的白布飘飘悠悠地落到了一片怒放的梨花,梨花丛中忙着采蜜的小蜜蜂没有注意,把身上的蜂蜡蹭到了云雾织成的白布上,印出了各种各样的花纹。一阵风吹过,白布又落到了树下的蓝草上,蓝色的汁液把白布染成了蓝色。

娃爽吹了一声口哨,天上一只阳雀飞到她身边。阳雀把布衔到自己休息的汤谷之中,布上的蓝色汁液在水中慢慢扩散。娃爽捞出布,使劲儿一甩,没过多久,神奇的一幕出现了,白布变成了蓝底白花的美丽花布,蓝莹莹的布闪现出点点晶莹透亮的梨花图案。

娃爽高兴地用花布缝制大伞,这一缝就是四十九年。终于造出了一把蓝底白花的漂亮大伞。她把缝好的大伞撑开,刚举过头顶,伞就自己飞起,把天稳稳地撑了起来。大伞的蓝底成了蓝黑色的天空,白花变成了满天的璀璨星辰,天不再塌了,人们开心地欢呼。

后来娃爽把这种蜡染的技艺传授给了人间的阿卜、阿仰姐妹,一传十,十传百……从此,寨子里的人都穿上了这种蜡染的美丽衣裙。

改编自绘本《蜡染与撑天伞》

(瓦猫文．邵卉图．万光荣,余毅然译．湖南少年儿童出版社,2022年,长沙)

活动五 科学(实验)—— 蜡烛变、变、变

◆ 活动意图

蜡烛是幼儿生活中能见到的物品,其具有的耐水性、可塑性、熔点低等特点,可呈现出奇特的效果。本次活动通过有趣的小实验,让幼儿探索并感受蜡烛的不同特性,激发幼儿对科学现象的好奇心和探究欲望;同时,通过实验操作,让幼儿知道使蜡烛熔化和凝固的条件,培养幼儿的动手能力和观察能力,也让幼儿更好地理解蜡染的原理。

◆ 活动目标

1. 激发幼儿对科学探索的兴趣和热情,培养幼儿积极主动参与实验的态度。

2. 提高幼儿的动手操作能力和观察分析能力,能够简单记录实验现象和结果。

3. 让幼儿感受蜡烛的可塑性、耐水性以及融化和凝固的相互转换,理解蜡染的基本原理。

◆ 活动准备

1. 知识准备:幼儿对蜡烛的性质有初步的了解。

2. 物资准备:投影仪、防烫手套、铁盒蜡烛、硅胶蜡烛模具、冰盒、棉布、棉蜡刀、染液等。

3. 环境准备:在实验桌上摆放好所需的材料,确保幼儿能够安全地进行实验操作。

活动建议

1. 表演小魔术,引起幼儿的兴趣。

(1)小魔术"隐形的画"。

教师出示一块画上了石蜡画的布,请幼儿猜一猜上面的图案。然后把布放到染液中,让图案呈现出来。

(2)教师揭示谜底,告诉幼儿蜡是可以防水的,并请幼儿说一说自己平时见过的蜡烛是什么样子的。

2. 幼儿分组实验,感受蜡的特性。

(1)蜡烛熔化。

先请幼儿结合自己的经验想一想怎样可以让固体的蜡烛熔化。教师帮助幼儿点燃蜡烛,观察蜡烛熔化的过程,感受蜡遇热熔化的特性。

(2)制作"蜡画"。

请幼儿戴好防烫手套,用蜡刀蘸着蜡油在布上画画,将幼儿制作的蜡画放到盛有染液的冰盒中,感受蜡烛防水的特性。

(3)蜡烛变形。

协助幼儿将剩余的蜡油倒进小模具中,制作不同形状的蜡烛,感受蜡烛的可塑性。

3. 分享交流,进一步感受蜡烛的神奇。

(1)请幼儿交流自己在实验中的发现。

(2)组织幼儿讨论蜡烛在生活中的常见用途,引导幼儿思考如何利用蜡烛的特性解决生活中的一些小问题。

延伸活动

将活动材料投放到益智区,引导幼儿继续探索蜡烛的不同变化。

附图片

图 4-21　蜡烛熔化　　　图 4-22　制作"蜡画"　　　　图 4-23　蜡烛变形

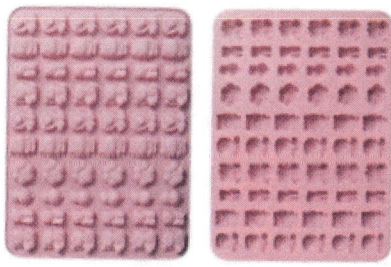

活动六 科学(空间)——认识左右

活动意图

大班幼儿正处于空间认知能力发展的关键时期,尽管在日常生活中他们对左右方位已经有了初步的感知,但这种感知常常是模糊和不准确的。本活动将左右方位的认知融入情景化、游戏化的活动,通过创设生动有趣的蜡染商店情境,让幼儿仿佛置身于真实的场景中,以自身为参照去感受和分辨左右,使抽象的空间概念变得更加具体、直观和可操作;让幼儿在日常生活中能更准确地辨别方向,更好地适应社会生活。

▶ 活动目标

1. 激发幼儿对空间方位探索的兴趣,增强在生活中灵活运用左右方位的意识。

2. 能够以自身为中心,清晰准确地辨别左右方位。

3. 熟练按照指令迅速、准确地取放物品,提升空间反应速度和准确性。

▶ 活动准备

1. 知识准备:幼儿对上下、前后方位有较为明确的认识。

2. 物质准备:各类物品(如玩具、文具等),活动场地精心布置成蜡染商店的模样,设置多层货架和柜台,准备一些小奖品(如卡通贴纸、小零食等)。

3. 环境准备:在教室中显著张贴左右方向的大幅标识。

▶ 活动建议

1. 互动游戏,引导幼儿初步感受左右方位。

(1)身体韵律操。

播放轻快的音乐,教师喊出指令,如"向左转、向右转、举起左手拍拍肩、抬起右脚跺跺脚"等,让幼儿跟随指令做动作,初步感受左右的方向变化。

(2)听口令做动作。

教师说口令:如"举起右手""摸摸左耳"等,让幼再次步感受左右的概念。

2. 创设蜡染商店的情景,指导幼儿能按照口令取放物品。

(1)按照简单指令取放物品。

如:把右边的蜡染围巾拿过来、把左边的蜡染刀放到右边的货架上等。

(2)按照复杂的指令取放物品。

如:把左边货架从上往下数第二层的白色蜡染布放到右边柜台的第一层、把右边抽屉里带有花朵图案的蜡染工具拿到左边货架的最上面一层等。

(3)组织"接力比赛",将幼儿分成若干小组,每组的第一个幼儿根据教师指令取放物品后跑回队伍拍下一个幼儿的手,下一个幼儿继续,最先完成的小组获得小奖品。

3. 结合生活,让幼儿知道分辨左右的重要性。

请幼儿想一想平时哪里需要区分左右,如果不能正确区分会有怎样的后果。鼓励幼儿多观察、多运用左右方位。

▶ 延伸活动

在一日活动中利用游戏、拼图等活动让幼儿能熟练地区分左右。

活动七 艺术（韵律）——《少年郎》（纸伞舞，第二课时）

活动意图

在第一课时中，幼儿对纸伞舞的基础动作和音乐节奏有了初步掌握。本课时旨在基于此基础，让幼儿充分发挥想象力和创造力，自主创编新的舞蹈动作和队形变化。通过舞蹈表演，进一步提升动作协调性和表现力，增强身体控制能力。同时，加深幼儿对传统音律的理解和感受，使其能更好地将情感融入舞蹈，展现国风舞蹈的韵味，促进幼儿舞蹈水平和艺术素养的全面发展。

活动目标

1. 进一步感受国风舞蹈的魅力，增强对传统文化音律的热爱和自豪，提升自信心。
2. 能够创编出新颖的舞蹈动作和队形变化，提高创新和团队协作能力。
3. 能够流畅地随音乐完成纸伞舞，动作更加协调、优美，表现力有所提升。

活动准备

1. 知识准备：幼儿已掌握第一课时的纸伞舞基础动作和音乐节奏。
2. 物质准备：每人一把蜡染纸伞、音乐播放设备。
3. 环境准备：保持富有国风氛围的舞蹈教室布置。

活动建议

1. 播放幼儿的舞蹈视频，引发幼儿的回忆。

（1）播放第一课时的幼儿舞蹈视频，引导幼儿回忆并复习已学的纸伞舞基础动作。

（2）请幼儿随音乐进行舞蹈表演，教师观察并给予肯定和纠正。

2. 创编新的舞蹈和队形，提升幼儿的表现力和团队合作能力。

（1）引导幼儿创编新的个人舞蹈动作。

请幼儿思考，除了学过的动作，还可以怎样用伞来跳舞？

（2）幼儿分组，尝试创编队形变化。

请幼儿思考，纸伞还可以怎样进行组合，鼓励幼儿大胆尝试。

（3）请幼儿展示自己创编的舞蹈动作和队形，教师用符号帮助幼儿记录并进行指导。

（4）教师协助幼儿将新的动作和队形与音乐结合，指导幼儿跳舞并录制视频。

3. 观看视频，交流分享。

（1）播放两段舞蹈的视频，请幼儿对比并说一说自己的感受。

（2）教师为幼儿提供多种表演的场合，提升幼儿的兴趣和自信心。

延伸活动

请幼儿在其他班级展示舞蹈，提高幼儿的兴趣，提升成就感。

第三周 蓝白之美

活动一 艺术（欣赏）—— 蓝印花布

▶ 活动意图

蓝印花布以其独特的蓝白对比的清新色彩营造了一种和谐与宁静的氛围，并以其丰富的图案和美好的寓意深受人们喜爱。大班是幼儿开始探索世界、感知美、创造美的重要阶段，本活动旨在通过直观感受、互动体验、观察、谈论等，让幼儿感受蓝印花布的颜色、图案和造型之美，培养他们的审美能力和创新思维，体验传统文化的魅力。同时活动将通过视频、图片和示范讲解，让幼儿了解蓝印花布的特点和制作工艺。

▶ 活动目标

1. 激发幼儿对蓝印花布的制作兴趣，感受中国传统文化的魅力。
2. 欣赏蓝印花布的美，感受蓝白对比的和谐与图案的丰富性。
3. 了解蓝印花布的基本制作工艺，知道蓝印花布上吉祥图案的含义。

▶ 活动准备

1. 知识准备：对蓝印花布有初步的了解。
2. 物质准备：蓝印花布样品或相关手工艺品，课件。
3. 环境准备：将教室一角布置成"蓝印花布展示区"，展示蓝印花布样品和相关图片。

▶ 活动建议

1. 出示蓝印花布实物，激发幼儿的兴趣。

图 4-24 落在梨花上的白布

图 4-25 蜜蜂和小白布

图 4-26 蓝底白花撑天伞

图 4-27 美丽的蜡染

（1）出示蓝印花布实物，请幼儿说一说在哪里见过，对蓝印花布的美有初步印象。

（2）幼儿近距离观察蓝印花布，引导幼儿观察蓝印花布的颜色、图案等特征并自由表达。

2. 播放视频，引导幼儿深入了解蓝印花布的起源和发展过程。

（1）文化之旅：播放关于蓝印花布发展历史的视频，让幼儿简单了解蓝印花布的文化背景。

（2）工艺探秘：播放蓝印花布制作工艺的视频片段，简要介绍蓝草染料和镂空版白浆防染印花技术，让幼儿感受传统手工艺的魅力，对蓝印花布的制作过程有初步了解。

（3）图案之美：展示不同的蓝印花布图案，引导幼儿观察图案的多样性、对称性和寓意。鼓励幼儿说出自己的感受，并引导幼儿通过谐音的方式理解吉祥图案所要表达的美好寓意。

3. 分享蓝印花布在生活中的运用，让幼儿感受传统工艺与现代生活的关系。

（1）出示实物和图片，让幼儿知道蓝印花布在生活中的用处。

（2）请幼儿说一说自己想用蓝印花布做什么。

⯈ **活动延伸**

和幼儿一起用蓝印花布装饰教室，也可以动员家长用蓝印花布和幼儿一起进行居家装饰。

附图片

图 4-28 蓝底白花　　　图 4-29 对称图案　　　图 4-30 多样图案

图 4-31 兰和菊　　　图 4-32 吉祥寓意　　　图 4-33 鱼和蝴蝶

活动二 语言（讲述）——蓝印花布上的故事

⯈ **活动意图**

蓝印花布上的每一种图案都有其独特的历史和文化背景，这些传统元素能够为幼儿提供丰富的想象空间。本次活动以传统蓝印花布的图案作为媒介,激发幼儿的想象力和创造力,让他们通过观察、思考和表达,自主地讲述属于自己的故事。让幼儿在感受中华传统文化魅力、树立文化自信的同时,通过观察、思考、讲述、绘画等形式提高想象力和语言表达能力。活动鼓励幼儿将个人创意融入集体创作中,体验集体创作的乐趣与成就感。

⊙ 活动目标

1. 学会欣赏蓝印花布的图案。

2. 能够根据不同的图案,小组合作创编有简单情节的故事。

3. 能够用连贯的语言讲述创编的故事。

⬢ 活动准备

1. 知识准备:了解蓝印花布的基本知识,比如历史、种类、制作过程等。

2. 物质准备:课件,蓝印花单独图案若干,白纸、水彩笔等绘画工具。

3. 环境准备:蓝印花布悬挂或平铺在教室内显眼的位置,营造一个温馨、舒适的讲故事氛围。

⊙ 活动建议

1. 出示蓝印花布,引导幼儿观察蓝印花布上的图案。

(1)将蓝印花布上的图案放大,请幼儿想一想、说一说上面的动物、人物可能会在做些什么。

(2)教师出示用蓝印花图案拼成的场景,引导幼儿看图讲故事。

2. 幼儿分组观察讨论,进行单幅图片的讲述。

(1)为每组幼儿提供一个有情节的蓝印花布,指导幼儿根据时间、地点、人物等创编故事。

(2)请每组幼儿选出代表讲述自己的故事,教师帮助幼儿完善、提升。

3. 为幼儿提供不同的蓝染图案,指导幼儿进行摆图讲述。

(1)请幼儿用不同的蓝染图案在白纸上合作摆出一个场景,互动交流,共同创编故事。

对于图案没法表达的细节可以让幼儿用画笔添加。教师指导幼儿用完整、连贯的语言讲述创编的故事。

(2)请幼儿分享本组的故事,感受创作的快乐。

4. 制作蓝花故事长卷,提升幼儿的成就感。

将每组的创编故事图片拼贴到长卷上,请幼儿一起欣赏,鼓励幼儿继续收集蓝印花布图案创编属于自己的故事。

⊙ 延伸活动

将幼儿创编的故事用 AI 生成蓝印花风格的图片,进一步提升幼儿的兴趣。

附图片

图 4-34　瑞兽驮福行

图 4-35　繁花喜韵蓝印图

图 4-36　灵猴献瑞蓝印图

图 4-37　花鸟织韵蓝印图

活动三　社会（文化）——对话蓝印花布传承人

▶ 活动意图

蓝印花布蕴含古老的印染技术,蕴含着丰富的文化内涵和历史底蕴。本节活动,我们邀请传承人陈旭升走进班级,让幼儿近距离接触蓝印花布制作技艺,感受传统工艺的魅力,激发幼儿对蓝印花布的兴趣和热爱。活动通过与传承人的互动交流,拓展幼儿的认识,体会非遗传承人刻苦钻研、坚持不懈的工匠精神,培养幼儿对非遗文化的认识与尊重,鼓励幼儿用自己力所能及的方式传承中华优秀文化,争当小小传承人。

▶ 活动目标

1. 通过传承人的讲解介绍,加深对制作蓝印花布的工具、材料和工艺流程的了解。

2. 能大胆地向传承人提问,通过与传承人的交流了解更多与蓝印花布有关的知识。

3. 尊重传承人,感受传承人的工匠精神。

▶ 活动准备

1. 知识准备:对蓝印花布的工具、材料和工艺流程有初步的了解。

2. 物质准备:蓝印花布作品、蓝印花布传承人视频、邀请传承人来参加活动、幼儿提前准备好"我和传承人对话"的问题表。

3. 环境准备:多媒体白板、展览场地。

▶ 活动建议

1. 创设"蓝印花布博物馆"情境,展示蓝印花布作品,鼓励幼儿大胆交流。

（1）幼儿参观"蓝印花布博物馆",仔细观察蓝印花布上的花纹、图案等。

（2）幼儿大胆交流自己的发现、分享自己的感受。

2. 播放视频,引导幼儿了解蓝印花布技艺,认识传承人。

（1）出示图片,向幼儿介绍山东蓝印花布传承人陈旭升爷爷。

（2）播放视频"陈旭升爷爷与蓝印花布的故事"。

视频一:蓝印花布材料和工具。引导幼儿观察陈旭升爷爷染坊的环境,了解防染糊的制作过程和染布需要的工具。

视频二:蓝印花布工序。引导幼儿了解蓝印花布的制作工序,感受过程的复杂和精细。特别是雕刻漏板环节,引导幼儿观察陈旭升爷爷用刻刀一点一点地雕刻花纹图案,很认真、很耐心,感受传承人刻苦钻研、不怕吃苦、坚持不懈的工匠精神。

3. 认识身边的传承人,通过互动对话拓展幼儿对蓝印花布的认识。

（1）请传承人做自我介绍。

（2）鼓励幼儿根据"我和传承人对话"的问题表,与传承人进行交流并记录。

（3）请传承人给每位幼儿颁发"小小传承人"的奖章,鼓励幼儿争当小小传承人,自己动手制作蓝印花布,通过宣传让更多的人知道蓝印花布制作工艺、喜欢蓝印花布。

附信息

陈旭升,1974 年 11 月出生,山东省东明县刘楼镇小陆店人,山东省级传承人,东明县蓝印花布保护与传承中心主任。1996 年学习蓝印花布技艺,师从山东省级非物质文化遗产项目东明蓝印花布第五代传承人孙朝斌老师。陈旭升从事蓝印花布 20 多年来始终保持守正创新理念,在继承保护老的蓝印花布纹样、制式前提下大胆开发黄河流域花卉纹样、民俗、风俗文化吉祥纹样,把中国传统书画元素融入蓝印花布中,所设计的创新产品得到广大人民群众的喜欢。先后多次被山东卫视、齐鲁晚报、菏泽日报、牡丹晚报、齐鲁网、新浪网等多家媒体报道。在 2022 年菏泽旅游商品创意大赛中,荣获礼遇菏泽类三等奖,2022 年设计的《郑板桥竹石图》被山东省纪委收藏,在 2023 年花开盛世中国牡丹之都手造创新大赛中荣获优秀传承奖。

活动四 科学（实验）—— 神奇的染料

活动意图

传统的手工染艺都是用天然的植物和矿物作为染料,体现了我们祖先和大自然和谐共生的智慧。本次活动选择天然染料作为主题,旨在引导幼儿亲近自然,感受大自然的神奇和魅力。通过观察、分类和实验操作,幼儿能够亲身体验科学探究的过程,培养观察力、思考力和动手能力。

活动目标

1. 愿意动手操作,对探索实验感兴趣。

2. 能大胆说出自己的猜测,并清楚表达实验结果。

3. 认识各种染料,知道每种染料的颜色是不一样的。

▶ 活动准备

1. 提前搜集并了解各种可以作为染料的植物。

2. 各种染料、透明量杯、搅拌棒、记录表、餐巾纸、图片等。

▶ 活动建议

1. 出示图片,初步了解植物染料。

(1)提问:白色的布是怎么染上各种颜色的呢?你们都知道哪些可以做染料的植物,跟大家介绍一下吧。

(2)出示图片,和幼儿一起认识部分植物染料。

红色类的有茜草、红花;黄色类的有荩草、栀子、姜黄;绿色类的有冻绿;蓝色类的有蓝草;黑色类的有皂斗和乌桕。

(3)小结:植物染料是指利用自然界中的花、草、树木的茎、叶、果实(种子)、树皮、根提取色素作为染料。

2. 分组实验,感知各种染料的不同。

(1)提问:请你猜一猜这些染料都能制出什么颜色呢?记录幼儿的猜测。

(2)幼儿分组合作,记录实验结果。

指导幼儿将染料放进透明量杯里,倒入温水,用搅拌棒搅拌至均匀,并选取相同颜色的水彩笔将原本的颜色记录下来,再将餐巾纸放入染料水里,观察餐巾纸的颜色有什么变化,并记录结果。

(3)再次实验,探索改变。

鼓励幼儿动脑筋想一想可以怎样调整使颜色发生变化,如尝试在等量的染料中多加水或少加水,又或者在等量水中多放染料或少放染料,观察颜色的变化。

(4)交流操作的结果,验证幼儿的猜测。

3. 观看图片,拓展幼儿经验。

(1)教师介绍矿物染料。

除了这些植物染料外,矿物染料也是可以提取色素来印染物品的,我们一起来了解一下吧。

红色类的有赤铁矿,黄色类的有雄黄,绿色类的有石绿,蓝色类的有石青,黑色类的有炭黑。

(2)小结:在中国古代的时候,人们就发现了这些神奇的染料,用它们染出不同颜色的漂亮衣服。我们也可以向古人学习,用这些染料染出不同颜色的物品。

▶ 延伸活动

鼓励幼儿在区角活动时尝试用天然的材料制作不同颜色的染料,感受大自然的神奇。

活动五 科学（分类）——分类小能手

活动意图

大班幼儿的思维正从具体形象思维向抽象逻辑思维过渡。分类活动对幼儿发展意义重大，能培养其观察、分析和概括能力。本活动通过创设扎染的真实情境，引导幼儿对各种材料如布料、染料、工具等按照不同的分类标准进行整理，为幼儿提供了真实情境的练习机会；能让幼儿更直观地理解分类的概念和方法，提高其解决实际问题的能力，同时有助于培养幼儿的条理意识和良好的生活习惯，为其今后的学习和生活奠定基础。

活动目标

1. 对分类活动产生兴趣，积极参与扎染材料的整理。

2. 感受分类的作用，提高观察、比较和判断能力，发展逻辑思维。

3. 能够按照不同的标准对扎染材料进行分类。

活动准备

1. 知识准备：幼儿对扎染活动有初步的了解。

2. 物质准备：各种扎染材料，包括不同颜色、形状、大小的布料，多种颜色的染料，各类扎染工具（如夹子、绳子、橡皮筋等）；分类筐若干，分别贴上不同的分类标志，如颜色标志、形状标志、用途标志等。

3. 环境准备：布置扎染工作区，摆放整齐的桌椅。

活动建议

1. 情境导入，引发幼儿分类的兴趣。

（1）展示混乱的扎染教室，请幼儿说说自己的感受。

（2）请幼儿提出自己的解决办法。

2. 引导幼儿按照不同的标准，进行简单的分类。

（1）请幼儿按照不同的材料的名称进行分类，教师出示正确的分类图片，请幼儿自己检查并纠正。

（2）请幼儿按照材料不同的形状进行分类，教师出示正确的分类图片，请幼儿自己检查并纠正。

3. 小组合作，进行二次分类。

（1）教师出示已经按照名称分好类的材料，请幼儿思考还可以怎样分类并请幼儿说出为什么这样分。

（2）小组合作进行分类比赛。

将幼儿分成小组，每组提供一套扎染材料和多个分类筐。请幼儿商定本组的分类标准，可以是教师给定的，也可以自己创新。幼儿合作进行分类，教师观察，适时给予指导和帮助。

（3）每组幼儿展示自己的分类结果，并说明分类的标准和理由。其他小组幼儿进行评价。

4. 教师总结幼儿的分类情况,让幼儿知道分类的多样性和灵活性,鼓励幼儿在今后的生活中善于观察和分类。

▶ **延伸活动**

在整理生活用品和玩具材料时,引导幼儿运用分类的方法提升整理的效果。

活动六 健康(体育)—— 扎染沙包大躲闪

▶ **活动意图**

本次活动旨在通过躲闪大比拼的游戏,锻炼幼儿的身体灵敏度和反应能力,同时培养幼儿的团队协作精神。使用扎染布制作的沙包,既能增加游戏的趣味性,又能让幼儿感受传统扎染工艺的独特魅力。

▶ **活动目标**

1. 体验用自己制作的沙包进行游戏的快乐,感受扎染与生活的关系。

2. 能躲避他人扔过来的沙包,锻炼手眼协调及身体的灵敏度。

3. 通过分组游戏,提升团队协作能力。

▶ **活动准备**

1. 知识准备:幼儿对躲闪游戏有一定的了解。

2. 物质准备:用扎染布制作的沙包若干、空旷的活动场地。

3. 环境准备:确保活动场地安全,无障碍物。

▶ **活动建议**

1. 热身活动,激发幼儿玩游戏的兴趣。

(1)带领幼儿用自己制作的扎染沙包进行热身活动。

(2)请幼儿自主玩沙包,鼓励创造多种不同的玩法。

2. 组织幼儿玩游戏,锻炼手眼协调及身体的灵敏度,提高团队合作能力。

(1)介绍"扎染沙包大躲闪"规则。

大家要分成小组,一组围圆,一组在圆内分散站好。圆圈上的幼儿用沙包扔圈内的幼儿,被打中的幼儿下场,在规定的时间内哪组剩余的人数多,哪组获胜。

(2)分组游戏。

第一轮游戏:扔一个沙包,教师指导幼儿提高扔和躲闪的技能。

第二轮游戏:增加沙包的个数,延长游戏的时间,请双方思考怎样才能打得准、怎样才能躲得快并请幼儿进行演示。

第三轮游戏:正式比赛,教师计时,并请幼儿点数并记录剩余的人数,请获胜组说一说大家是怎样合作取得胜利的。

3. 放松环节。

教师带领幼儿进行放松运动,如深呼吸、全身放松等,引导幼儿整理活动场地,将沙包放回原处。

延伸活动

在户外活动时组织幼儿玩打马尾等游戏,练习躲闪。

活动七　艺术(美术)——好看的背包

活动意图

　　蓝印花布的印染属于型糊染,工艺相对扎染来说比较复杂,但是前期幼儿通过一系列活动了解了制作蓝印花布的工具、材料和工艺流程,还学习了使用计时器,为幼儿参与蓝印花布印染活动积累了丰富的经验。本活动根据幼儿的经验对蓝印花布的工艺进行了缩减,让幼儿通过实际操作体验刮浆、阴干、浸染、冲洗、晾晒等步骤,制作好看的蓝印花背包。在设计与制作的过程中,幼儿充分发挥想象力,用不同的图案组合表现自己的想象和感受,培养感受美和创造美的能力,体验制作的乐趣。

活动目标

1. 简单了解蓝印花布制作的基本原理,掌握基本步骤。

2. 初步掌握刮糊的方法,尝试在染色的过程中自己计时。

3. 体验蓝印花布制作的神奇,感受传统染色工艺的魅力。

活动准备

1. 知识准备:回顾蓝印花布的制作过程、认识防染糊、会看计时器。

2. 物质准备:各种图案的模板、刮板、防染糊、白色布料的书包、夹子、计时器、提前配好染料。

3. 环境准备:蓝印花布制作的步骤图,染布的场地。

活动建议

1. 创设"背包商店"情境,激发幼儿的探究兴趣。

(1)请幼儿欣赏印好的背包,说一说自己喜欢哪个花型。

(2)播放蓝印花布背包的视频和图片,帮助幼儿回忆印染的步骤。

2. 幼儿分组制作蓝印花布背包,教师巡回指导。

(1)幼儿分组,认识桌面上的材料和工具。

(2)幼儿尝试刮糊和阴干的步骤。

鼓励幼儿选择自己喜欢的漏板,指导幼儿尽量均匀地把型糊刮均匀。刮好浆后引导幼儿找一个背阴的地方晾干。

(3)幼儿尝试浸染、冲洗和晾晒的步骤。

引导幼儿自己计时进行三染三晒(每次10分钟),指导幼儿仔细冲洗将白浆洗干净。

3. 展示制作完成的书包并交流分享,体验传统工艺的神奇。

(1)布置蓝印花背包展,请幼儿交流制作过程中感受,体验传统手工的不易。

(2)请幼儿欣赏同伴的作品,说一说自己最喜欢哪一个图案,为什么。

(3)为幼儿颁发"小小传承人"的奖章,激发幼儿进一步参与活动的兴趣。

（由于蓝印花工艺步骤多，需要的时间比较长，因此本活动可以分成几次进行。）

▶ **延伸活动**

鼓励幼儿在区角中设计并自己制作简单的漏板，感受创作的快乐。

附图片

图 4-38　幼儿刮糊
和阴干

图 4-39　幼儿
浸染

图 4-40　幼儿仔细
冲洗

图 4-41　幼儿展示
作品

图 4-42　月韵花垂
蓝印饰

图 4-43　繁花纹影
蓝染章

图 4-44　羽梦捕环
蓝靛绘

图 4-45　双花绽翠
蓝布韵

第四周　蓝靛布花衣裳

活动一　**语言（故事）——《蓝靛布花衣裳》**

▶ **设计意图**

《蓝靛布花衣裳》借用蓝靛仙子、花仙子的民间传说来讲述苗族同胞收麻、捻麻、染布、绣花、做衣裳的故事，以苗家女孩花衣的视角，讲述青麻蓝靛制花衣，展现了独特的民俗风情和丰富的想象力。本活动通过故事讲述，让幼儿感受传统手工艺的魅力，了解其中蕴含的文化内涵，激发幼儿对民间文化的兴趣和热爱。同时，在倾听和讲述故事的过程中，促进幼儿语言表达、想象力和思维能力的发展，提高幼儿的语言理解和运用水平。

▶ **活动目标**

1. 对苗族传统制衣工艺感兴趣，感受少数民族的独特民俗风情。

2. 能大胆描述自己心目中关于蓝靛布花衣裳的奇妙场景，提升语言表达的准确性和流畅性。

3. 了解传统手工艺制作蓝靛布花衣裳的主要流程。

活动准备

1. 知识准备:幼儿对少数民族文化有初步的认识。

2. 物质准备:《蓝靛布花衣裳》的故事图片、青麻蓝靛制花的流程图、绘画工具等。

3. 环境准备:布置具有苗族特色的活动区域,展示苗族服饰和手工艺品。

活动建议

1. 展示苗族的服饰,引起幼儿的兴趣。

(1)请幼儿欣赏苗族的服饰,重点观察蜡染的图案、绣花。

(2)请幼儿跟随"花衣"一起了解衣服制作的过程。

2. 师生共同阅读绘本,了解青麻蓝靛制花衣的过程及相关的传说。

(1)第一遍阅读,着重让幼儿了解织布、染布、绣花、制作衣服的过程。可以用流程图帮助幼儿记忆。

(2)第二遍阅读,引导幼儿说一说蓝靛仙子和花仙子有什么神奇的本领。

(3)分组讨论:你们想让蓝靛仙子和花仙子帮助我们做些什么事情?

3. 请幼儿设计一件蓝靛布的花衣裳,深入感受蜡染传说的魅力。

(1)请幼儿用画笔设计一件自己的蓝靛布花衣裳。

(2)引导幼儿说一说自己设计的衣服上有什么图案。

延伸活动

将绘本投放到图书角,引导幼儿自主阅读并表达自己喜欢的内容。

附故事

蓝靛布花衣裳

遥远的山谷深处,有一个神奇的地方叫花衣寨,寨子旁边长着一大片麻林。麻林是寨子里的宝物,人们用它来织布,再做成衣裳。小女孩花衣就住在这个寨子里,她经常看着这大片的麻林想:这青青的麻林是麻仙子织出来的布吗?每当麻成熟的季节,都是花衣寨人忙碌的时候。纺麻时,纺车的声音像在唱歌,麻线像在纺车上跳舞。麻线在织布机上穿行,慢慢变成结实的麻布。花衣寨的女孩们踩在碾板上碾麻布,让布变得更柔软,她们忙碌的身影就像盛开的花团在飞舞。

花衣寨人用笔刀蘸取熔化的蜡汁,在白麻布上画下寨子木楼、牛羊鸡鸭、瓜果蔬菜、山峦河流、狩猎耕种、丰收节庆。花衣寨人把他们的生活都画在了布上,他们的花衣裳就像一个长长的故事,一本记录他们生活的图画书。

蓝靛草经过一段时间发酵成一缸靛蓝色的染汁。花衣寨人把画好蜡的麻布放入染缸中染色,花衣每天都到染缸前观察麻布的变化。白麻布染上了靛蓝色,成为蓝靛布。人们从缸里捞出蓝靛布冲一冲、晒一晒,再反复几遍让布的颜色更鲜艳。女孩们都过来帮忙染布,她们的花衣裳在中间,就像盛开的花朵。寨子里的大人们看到了都惊讶地说:"哇,这么蓝的布,肯定是蓝靛仙子帮忙染的!"

传说,小孩的眼睛能看见蓝靛仙子。蓝靛仙子在哪里呢?传说中的蓝靛仙子全身都是靛蓝色的,隐藏在一大片蓝靛草中。传说中还有花仙子,花仙子走到哪里,花儿就开到哪里。

花衣最爱和大人们一起绣花,听她们讲花仙子的故事。山野里的花草树木都是花仙子送给大家的礼物。人们用植物的汁液把纱线染成各种颜色,再用这些纱线在衣裳上绣出鲜艳的花朵。这些花朵仿佛有生命一般,在衣裳上不断生长。穿着花衣裳的姑娘们走在山间,就像移动的花海。

花衣也经常跟着阿婆到林子里采集染纱用的植物。有一次,花衣躺在草地上好奇地问:"阿婆,我的衣裳也会长出花花草草吗?"说着说着就在草地上睡着了。阿婆摘了一些野花放在她身边。花衣醒来后,兴奋地对阿婆说:"我梦到花仙子了!""这是花仙子送给你的。"阿婆把花递给花衣。花衣抱着花在森林里奔跑,她的裙子随风旋转,就像一朵盛开的鲜花。阿婆看着灵灵的背影,轻声地说:"我的花衣呦,你就是一个小小花仙子呀!"

改编自绘本《蓝靛布花衣裳》
(王勇英.广西教育出版社,2023年)

活动二　科学(实验)——蓝色的染液

▶ 活动意图

调制染膏是蓝染制作过程中非常重要的一个环节,其制作的过程类似于溶解。大班幼儿已经具备了一定的观察、分析和解决问题的能力,能够在实践中探索染膏调制的方法。本活动为幼儿提供了实践的机会,让幼儿仔细观察染膏的变化,准确量取水和染膏,直观地观察染膏在水中的溶解过程,激发幼儿对科学现象的好奇心和探索欲望,锻炼幼儿做事情要细心、有耐心,提升了幼儿的观察、动手和解决问题的能力。

▶ 活动目标

1. 培养幼儿对科学实验的热爱,激发好奇心,增强实验成功的自信心。

2. 使幼儿理解溶解概念,能描述染膏溶解变化,了解水与染膏比例对溶解效果的影响。

3. 让幼儿熟练掌握量取水和染膏比例的方法、调制染膏步骤及解决调制中简单问题的能力。

▶ 活动准备

1. 知识准备:提前给幼儿讲解一些简单的溶解知识,如常见的溶解现象等。

2. 物质准备:染膏制作和染液调制的视频、足量的蓝色染膏、不同规格的量杯、清水、搅拌棒、记录表格和笔、实验托盘、防水围裙、一次性手套等。

3. 环境准备:在教室中设置专门的科学实验区域,保证光线充足,空间宽敞,便于幼儿操作和观察。

▶ **活动建议**

1. 播放染膏制作的视频,激发幼儿参与活动的积极性。

（1）将幼儿分成小组,每组提供一盘染膏,请幼儿观察染膏的样子和质地,闻一闻染膏的味道。

染膏是天然发酵的,有一定的味道,提醒幼儿闻的时候保持一定的距离。

（2）播放染膏制作的视频,让幼儿简单了解蓝草变成染膏的过程。

2. 教师讲解染液调制的过程,帮助幼儿理解染液添加的顺序和比例。

（1）请幼儿想一想,自己用过的染液是什么颜色的。猜一猜染液是怎么制作出来的。

（2）播放染液调制的视频,让幼儿关注染液添加的顺序和比例。

（3）引导幼儿思考,什么是 1∶20。

教师通过实物演示,帮助幼儿理解 1 份染膏要加 20 份水,重点让幼儿理解添加染膏和水时,使用的容器要保持一致。

3. 幼儿分组合作,尝试调制染液,提高幼儿解决问题的能力。

（1）教师指导幼儿讨论计数的方法,并找好自己组的量具。

（2）幼儿动手操作,教师在旁观察,在必要时给予指导,鼓励幼儿自己解决问题。

提醒幼儿做好防护,戴好一次性手套和防水围裙,要正确使用量具和搅拌棒。

（3）引导调制好染液的小组用白布验证一下是否成功,并进行记录。

4. 组织幼儿分享在实验中的感受,激发幼儿继续探索的兴趣。

（1）幼儿结合实验记录,说一说遇到的问题和解决的过程。

（2）教师鼓励幼儿继续探索不同的调制染液的办法。

表 4-1　记录表格

我们是这样制作的	验证结果	我们的发现

▶ **延伸活动**

组织幼儿用自己调制的染液进行印染,感受自己动手操作的乐趣。

活动三　艺术（美术）——制作蓝染服饰

▶ **活动意图**

扎染、蜡染、型糊染等都属于蓝染。幼儿经过前期的体验,对蓝染有了基本的了解,也积累了一定的实践经验。本次活动充分发挥幼儿的想象力和创造力,引导幼儿综合运用染艺技能,设计、制作蓝染服饰,提升幼儿的动手能力和合作能力。在实践中体验蓝染活动的趣味性,提升幼儿审美能力。

◐ 活动目标

1. 积极参与蓝染服饰制作活动,体验其中的乐趣,增强对传统手工艺的喜爱和尊重。

2. 能综合运用所学蓝染技能,大胆创新,设计并制作蓝染服饰,提高团队合作能力。

3. 巩固对蓝染工艺原理和流程的认识,了解不同图案和色彩在服饰设计中的效果。

◐ 活动准备

1. 知识准备:幼儿已掌握基本的蓝染方法和技巧。

2. 物质准备:展示不同风格蓝染服饰的实物、多种白色棉质服饰材料(如衣服、裙子、帽子等)、蓝染染料、各种辅助工具(如夹子、橡皮筋、绳子、木棍等)。

3. 环境准备:设置专门的蓝染制作区,摆放充足的操作桌椅,保证空间宽敞、通风良好。

◐ 活动建议

1. 创设"小小服装设计师"情境,引起幼儿的回忆和兴趣。

(1)播放幼儿之前参加蓝染活动的照片或者视频,与幼儿一起回顾之前所学的染艺知识。

(2)出示蓝染服饰的照片或视频,激发幼儿的兴趣,鼓励幼儿都来当"小小服装设计师"。

2. 请幼儿分组讨论,制定本组的设计方案和制作方案。

(1)幼儿自由分组,每组讨论,确定要制作的蓝染服饰类型和设计方案,并记录下来。

(2)教师参与各小组讨论,给予适当的引导和建议。鼓励幼儿将多种蓝染技法进行组合,设计独特的作品。

3. 幼儿根据方案分工合作,动手制作蓝染服饰。

(1)小组成员根据设计方案进行分工,如有的负责折叠布料,有的负责捆绑,有的负责刮糊,有的负责染色等。

(2)教师在旁边观察指导,提醒幼儿注意操作安全和卫生,鼓励幼儿遇到问题时协商解决。

4. 展示分享,师生共同评价总结。

(1)各组展示完成的蓝染服饰作品,分享创作思路和制作过程中的趣事。

(2)其他小组进行评价和交流,教师进行总结,肯定幼儿的努力和创意,提出改进的建议。

◐ 延伸活动

引导幼儿制作一些小的装饰品,如头花、发卡、帽子等,为蓝染时装秀做好充分的准备。

活动四　科学（数）——有趣的序数（剧场座位编号）

活动意图

大班幼儿正处于逻辑思维发展的关键时期，对序数有初步的认知，但运用还不够熟练。序数在生活中具有重要意义，如确定位置、安排座位等。本次活动教师创设"剧场"的情境，让幼儿根据行和列对座位进行编号。从简单的一行或一列开始，逐渐增加难度到多行多列，使幼儿在真实情境中练习。这种由易到难的设计，能帮助幼儿更好地理解序数的概念，提高其空间感知和逻辑思维能力，为今后的数学学习和生活应用打下坚实基础。

活动目标

1. 积极参与序数学习活动，感受数学在生活中应用的乐趣。

2. 提升观察、分析和推理能力，培养耐心和细心，体验成功解决问题的喜悦。

3. 掌握用行和列确定位置的方法，对剧场座位进行编号。

活动准备

1. 知识准备：幼儿对序数和简单的排序有一定的认识。

2. 物质准备：大型剧场座位平面图（可贴在黑板或地面上）、双色数字卡片 1～20 若干、小椅子若干。

3. 环境准备：在表演区布置"剧场"的区域，摆放座位。

活动建议

1. 创设情境，激发幼儿的兴趣。

（1）请幼儿回忆自己去"剧场"的时候是怎样找到自己座位的。

（2）新建成的"剧场"座位还没有编号，请幼儿说一说可以怎样编号。

2. 出示座位平面图，引导幼儿利用序数进行编号。

（1）按照行进行编号。

出示一行座位的平面图，请幼儿思考："一行有 5 个座位，我们从左往右，应该怎么给它们编号呢？"邀请幼儿上台，将红色的数字卡片按照编码顺序放到号码牌的第一位，并说出自己的看法。

（2）按照列进行编号。

出示一列座位平面图，请幼儿思考："一列有 6 个座位，我们从前往后，应该怎么给它们编号呢？"邀请幼儿上台，将黄色的数字卡片按照编码顺序放到号码牌的第二位，并说出自己的看法。

（3）按照多行多列进行编号。

幼儿分组，每组提供一张多行多列的剧场座位平面图。小组合作，给座位进行编号。教师巡视，重点指导幼儿编码的顺序以及两种数字的摆放位置。

3. 请幼儿说一说编号的思路和过程，体验编号在生活中的应用。

（1）引导幼儿说出自己组编号的过程，教师肯定幼儿的表现。总结本次活动，强调

图 4-46　蓝靛初采与整备

图 4-47　蓝染布帛浸液间

序数的概念和在生活中的应用。

（2）出示生活中需要编号的情境，如电影院、剧院、门牌号等，鼓励幼儿使用编号找位置。

▶ **延伸活动**

为班级时装秀安排座位，并用学到的本领进行编号。

活 动 五　**社会（品质）—— 合作力量大（制定时装秀合作计划）**

▶ **设计意图**

社会交往和团队合作能力的培养对幼儿的成长至关重要。本次活动以"合作力量大"为主题，旨在通过游戏让幼儿体验合作的过程，感受合作带来的成功和快乐，从而理解合作的意义和价值。通过故事导入吸引幼儿的注意，激发他们对合作的兴趣和思考，帮助幼儿在制订时装秀合作计划的真实场景中进行协商分工，提高合作的能力。

▶ **活动目标**

1. 培养幼儿的团队合作意识和沟通能力，增强集体荣誉感。

2. 能够按照要求与小组成员合作完成游戏，感受合作的力量。

3. 通过协商完成时装秀的分工，并尝试用符号记录下来。

▶ **活动准备**

1. 知识准备：提前给幼儿讲述一些关于合作的简单小故事，让幼儿对合作有初步的概念。

2. 物质准备：准备"蚂蚁搬家"的动画视频或图片、用于团队合作游戏的道具、时装秀任务卡片、图画纸、水彩笔。

3. 环境准备：在活动场地设置明显的小组分区，布置温馨、富有活力的环境，营造轻松愉快的合作氛围。

▶ **活动建议**

1. 故事导入，引导幼儿思考合作的重要性。

（1）教师讲述故事"蚂蚁搬家"，请幼儿思考，小蚂蚁们是怎么成功搬家的，如果没有合作小蚂蚁们会怎样。

（2）请幼儿说一说自己平时和谁有过合作。

2. 通过游戏,让幼儿理解合作的意义,感受合作的力量。

（1）"接力运球"游戏。

幼儿分成两组,每组站成一列,依次用勺子传递气球,将球运到终点的篮子里。请幼儿思考怎样才能让气球不掉落,引导幼儿理解合作需要大家互相配合。

（2）"抬轮胎"游戏。

幼儿分成四组,每组要将两个大轮胎放到桌子上摞起来,最先完成的一组为胜。请幼儿思考怎样才能尽快完成任务,引导幼儿理解合作要劲儿往一处使。

（3）播放需要合作完成的事情的视频,如奥运会的接力赛、建造高楼大厦、给病人做手术、抗击自然灾害等,让幼儿感受合作的力量。

3. 分组讨论,制订蓝染时装秀的分工合作计划。

（1）向幼儿介绍蓝染时装秀,通过图片告知幼儿要完成的主要任务。

（2）指导幼儿根据任务进行自愿分组,用符号记录自己需要完成的工作。

（3）出示任务图,鼓励幼儿在日常生活中多和同伴合作,一起解决问题,一起克服困难。

延伸活动

引导幼儿在组织班级蓝染时装秀时能够分工合作,在生活中感受合作的力量。

活动六 艺术（韵律）——蓝染时装秀（半日活动）

活动意图

在之前的主题活动中,大班幼儿积极参与,亲手制作了很多蓝染服饰。本次活动旨在为幼儿搭建展示成果的舞台。大班幼儿具有较强的表现欲和节奏感,本次活动,教师将鼓励他们有韵律、有节奏地自由展示,充分发挥其个性。通过这一活动,幼儿不仅能增强自信心,还能进一步感受扎染艺术的魅力,体验扎染与生活的紧密联系,激发对美的追求和对生活的热爱,促进艺术素养和审美能力的发展。

活动目标

1. 增强幼儿的自信心,深化对扎染艺术美的感受,体会扎染与生活的关联。

2. 通过自主布置场地、策划排练和演出,提升组织能力和团队协作能力。

3. 鼓励幼儿有韵律、有节奏地展示自己制作的扎染服饰,发展肢体协调性和节奏感。

活动准备

1. 知识准备:幼儿有印染衣服的经验,观看过时装秀的视频,制订好分工计划。

2. 物质准备:装饰材料(如彩带、气球、彩色皱纹纸等)用于布置场地,音乐设备及适合走秀的音乐(节奏感强、旋律欢快的乐曲),制作邀请函的材料(卡纸、彩笔、贴纸、胶水等)。

3. 环境准备:选择一个宽敞、明亮且通风良好的室内空间作为活动场地(如多功能厅或活动室),确保有足够的空间供幼儿走秀和观众观看。

活动建议

1. 教师展示幼儿之前制作的扎染服饰,引起幼儿的回忆和兴趣。

(1)鼓励幼儿合作,大胆地展示自己制作的蓝染服饰。

(2)请幼儿思考,时装秀都需要做什么准备。

2. 幼儿按照计划分工协作,进行时装秀环境的布置。

(1)请幼儿认真观察场地和各种装饰材料,讨论环境布置的方案。

鼓励幼儿积极发言,提出自己的看法和建议,请幼儿简单将方案记录下来。

(2)将幼儿分成场地彩带组、气球组、舞台组、邀请函制作组等,鼓励幼儿合作,共同完成场地布置任务。

3. 幼儿结伴,自由展示蓝染服饰。

(1)进行时装秀的排练。

教师指导幼儿根据音乐的节奏和旋律,尝试用不同的动作展现蓝染服饰的美丽。引导幼儿排练不同的队形,如直线、圆形、三角形等,培养幼儿的团队协作能力。

(2)邀请其他班级幼儿来观看演出。

幼儿换上自己制作的扎染服饰,在欢快的音乐声中,自信地走上舞台,进行有韵律、有节奏的走秀表演。教师用相机记录下精彩的瞬间。

4. 通过颁奖活动,引导幼儿交流分享在活动中的感受和收获。

(1)教师根据幼儿表现,设立最佳创意奖、最佳设计奖、最佳合作奖、最佳表现奖等。

(2)请幼儿发表获奖感言,引导幼儿说一说在这次蓝染时装秀活动中,最有趣的是什么,遇到了哪些困难,是怎么解决的。

活动延伸

将扎染的服饰投放到表演区,引导幼儿自发地组织时装秀,延续幼儿展示扎染服装的兴趣。

活动七 健康(安全)——危险的事情我不做

活动意图

幼儿的安全和健康是至关重要的。本次活动以印染活动中的安全教育为起点,让幼儿了解更多生活中基本的安全规则,提升幼儿的自我保护能力,避免发生危险。同时,通过场景识别,让幼儿认识生活中常见的危险情境和行为,学会避让,增强安全意识。

活动目标

1. 增强安全意识,培养保护自己和爱护他人的责任感。

2. 通过场景识别,认识生活中常见的危险情境和行为,学会避让。

3. 了解生活中基本的安全规则和急救知识,提升自我保护能力。

▶ **活动准备**

1. 知识准备:幼儿对生活中的一些安全常识有初步的了解。

2. 物质准备:幼儿印染活动的照片、生活中常见的危险情境图片或视频、安全小卫士奖章。

3. 环境准备:教室布置成适合进行教学活动的场景。

▶ **活动建议**

1. 谈话导入,引起激发幼儿参与活动的兴趣。

(1)出示幼儿印染活动的照片,请幼儿说一说要注意哪些安全事项。

(2)教师进行小结,请幼儿想一想生活中还有哪些地方要注意安全。

2. 讲解生活中安全规则和躲避危险的方法,丰富幼儿的安全知识。

(1)针对每个危险情境,教师讲解相应的安全规则,如不玩火、不触摸电源插座、遵守交通规则、远离有火的地方、远离高温的地方等。

(2)简单介绍一些适合幼儿的急救知识,如大声呼救、受伤后及时告知大人等。

3. 进行场景识别游戏,巩固幼儿的安全知识。

(1)幼儿分组,根据图片提供的场景,讨论应该如何避免危险。

例如:一个小朋友在河边玩耍或一个小朋友在吃陌生人给的食物等。

(2)每组推选一名代表,向全班分享讨论结果,教师进行总结和提升,颁发安全小卫士奖章。

4. 播放安全警示视频,提高幼儿的自我保护意识。

教师播放安全教育的视频,鼓励幼儿争当"安全小卫士",不做危险的事情,保护好自己。

▶ **延伸活动**

引导幼儿回家后与父母分享今天学习的安全知识,和父母找一找家里有哪些危险的事情不能做,提高幼儿在家中的安全意识。

实践活动案例

第五章

自然而"染","布"同凡响

一、课程缘起

加餐环节,幼儿正在吃红心火龙果,小宝(幼儿姓名均为化名)笑着说:"哈哈,你变成小花猫啦!"这句话引起了大家的注意。

鑫鑫惊奇地说:"你的嘴巴红红的,像涂了口红一样!"

小极说:"啊,我的手上也有颜色啦!"

航航有些懊恼地说:"我的衣服被弄脏了,我妈妈说衣服上染上了果汁很难洗掉的。"

皓皓说:"上次我吃小番茄的时候,也弄到衣服上了,衣服染成了红色,我妈妈也是洗了很久才洗掉,最后还留了一点印子呢。"

小小的水果,却引发了幼儿的激烈讨论,为了追随幼儿对周围事物与现象的好奇心和探究欲望,我们开始了奇思妙想的染色探索之旅……

图 5-1　幼儿吃红心火龙果　　　图 5-2　手上有红颜色啦

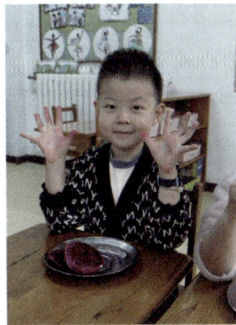

二、课程内容与过程实录

(一)寻·五彩斑斓

原来水果的汁水还可以染色呢。幼儿对这一发现感到惊奇,教师告诉幼儿们,水果的汁水是可以被当作染料的,它们叫作"天然染料"。既然果汁可以染色,那么还有哪些东西可以制作天然染料呢?于是,一场关于"天然染料大调查"的亲子活动如火如荼地展开了。

1 亲子调查

幼儿和爸爸妈妈一起,走进了生活的每一个角落,寻找那些可以用来制作天然染料的蔬果。青菜、胡萝卜、火龙果、草莓等,这些日常生活中常见的蔬果,竟然都蕴含着丰富的色彩。幼儿兴奋地记录下每一种蔬果,并猜测它们可以染出的颜色。

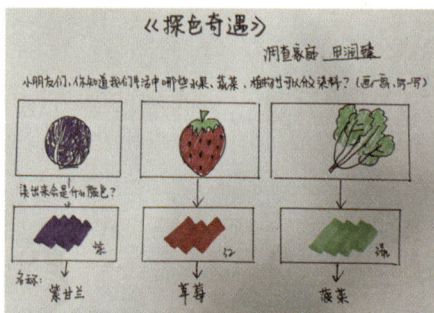

图5-3 《探色奇遇》调查图

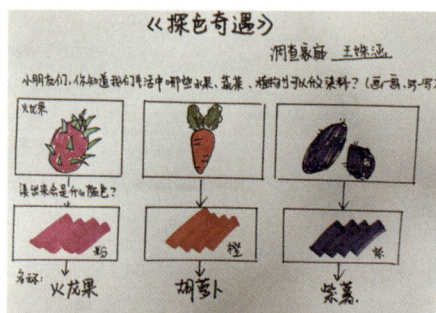

图5-4 有哪些可以制作染料

通过调查,幼儿知道了蔬菜、水果、植物、中药等都可以用来制作天然染料。我们将颜色进行统计,绘制成一个天然染料统计表。

图5-5 天然染料有哪些

图5-6 天然染料统计表

2 选择蔬果

面对琳琅满目的蔬果,幼儿开始犯难了,到底选择哪一种蔬果来提取颜色呢?于是,大家决定通过投票的方式来选择。每个幼儿都认真地思考,并投出了自己宝贵的一票。最终,几种颜色鲜艳、易于提取的蔬果脱颖而出,成了幼儿制作染料的最佳选择。

图 5-7　我来投一票　　　　　图 5-8　我觉得它行

3　提取颜色

在确定了要使用的蔬果后,幼儿开始动手制作染料。他们猜测可能用到的工具,并用绘画的方式记录下来。刀、砧板、捣蒜器、榨汁机、破壁机等,这些看似普通的厨房工具,在幼儿的手中变成了探索色彩世界的神奇法宝。

"切一切、榨一榨、挤一挤",在教师的指导下,幼儿忙得不亦乐乎。他们小心翼翼地切着蔬果,感受着蔬果的质地和颜色;用力敲打着捣蒜器,看着蔬果在捣蒜器中慢慢变成泥状;用榨汁机和破壁机将蔬果榨成了汁。终于,五颜六色的天然染料就制作好了。幼儿看着自己的劳动成果,脸上露出了满意的笑容。

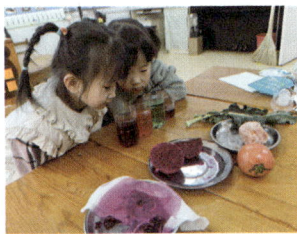

图 5-9　我来切一切　　　　　图 5-10　我来看一看

图 5-11　我来榨一榨　　　　　图 5-12　我来挤一挤

教师反思:在探秘染料的过程中,幼儿通过讨论、猜想、实践、验证等方法收获了果蔬染料。《3～6岁儿童学习与发展指南》提出:幼儿科学学习的核心是激发探究兴趣,体验探究过程,发展初步的探究能力。这种来源于自然的色彩美,激发了幼儿对天然染料的探究兴趣与思考,也为后续幼儿探究染色奠定了基础。

（二）染·七彩世界

琪琪说："这么多蔬果染料，我们可以做些什么呢？"

程程说："它们五颜六色的，好像我们平时用的颜料呀！"

轩轩说："那我们可以用它们来染色和画画吗？"

看到幼儿对这些天然染料怀揣着好奇与期待，教师鼓励道："那我们不妨试一试！"

1 当染料遇上纸

幼儿用刷子蘸取果蔬汁在纸的各处刷一刷。"看我的纸变得好漂亮。""我刷了好多种颜色。"幼儿七嘴八舌讨论起来，文文将自己的纸叠了叠，用滴管小心翼翼地取出果蔬汁滴在纸上，展开，"快看，我的纸有图案了！""哇，好漂亮呀。"其他幼儿也像文文一样，将纸叠一叠、折一折。不一会儿，一张张不同颜色、图案的纸便呈现在大家眼前，有的幼儿还染出了对称、有规律的图案，幼儿兴奋地欢呼起来，脸上洋溢着满满的成就感。

图 5-13　我们来染一染　　　　图 5-14　有趣的作品

教师反思：通过用天然染料刷纸、滴纸等方式，满足小班幼儿探索色彩的欲望。活动中，幼儿从一开始的随意刷色，到后来运用折叠纸张的方式创造对称、规律的图案，体现小班幼儿的探索能力和创造能力。

2 当染料遇上布

当天然染料与纸碰撞后，幼儿对天然染料染色有了更大的好奇和兴趣，大家开始思考天然染料还可以染什么。正巧之前的社团活动中，幼儿欣赏了美丽的蓝印花布，他们被蓝印花布上的图案所惊叹。教师说蓝印花布也是由天然植物染料染出来的，幼儿听后不禁产生联想，我们的天然染料是不是也可以染布呢？于是幼儿动手尝试起来。

幼儿在教师的指导和帮助下，将布折叠、捆扎成各种形状。他们有的用滴管将果蔬汁滴在布上，有的直接将布泡进果蔬汁中。接下来就是等布晾干啦！幼儿们想象着自己能创造出如彩虹般绚丽的布料。

图 5-15　我来滴一滴　　　　图 5-16　彩虹般的布料

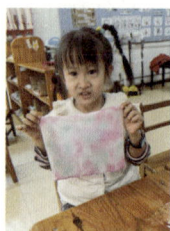

教师反思:《3~6岁儿童学习与发展指南》指出:幼儿对周围的事物和现象感兴趣,具有初步的探究能力,能对事物或现象进行观察比较,发现其相同与不同之处。小班幼儿对新事物充满好奇,从纸的染色延伸到对布的染色探索,展现强烈的求知欲。教师要抓住这一时机,跟随幼儿兴趣继续探索,为幼儿提供物质和环境的支持。

3 颜色消失了

然而,当布料晾干后,幼儿却发现染出来的颜色并不鲜艳,甚至有点暗淡,这让幼儿有点沮丧。"为什么会这样呢?"幼儿纷纷皱起了小眉头。带着疑惑,幼儿决定请爸爸妈妈帮帮忙。经过一番探索,幼儿得知,原来水果和蔬菜做的染料属于水溶性染料,晾干后颜色会变淡或消失不见,需要一种叫明矾的固色剂来帮忙留住颜色。大家从家中带来明矾和盆,将染好的布浸泡在明矾里,大家期待着布料发生变化。终于,经过不断地尝试和努力,幼儿成功染出了漂亮的布料。他们高兴得手舞足蹈,互相展示着自己的作品。

| 图 5-17　加一点明矾 | 图 5-18　我来试一试 | 图 5-19　我们成功啦 |

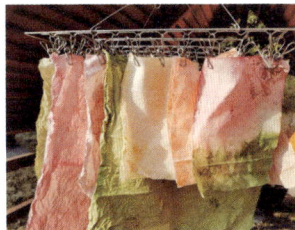

到这里,我们的故事暂时落下帷幕,但关于染色的旅程并没有终止,随着幼儿能力的不断提升,相信还会碰撞出更多绚烂的染色故事,教师也将跟随幼儿的兴趣继续探索下去。

三、总结与反思

(一)以幼儿兴趣为导向,开启染色探索之旅

《3~6岁儿童学习与发展指南》强调要关注幼儿的兴趣和需求。本次染色探索活动源于幼儿一次偶然的发现和讨论。在这个过程中,教师敏锐地捕捉到了幼儿的兴趣点,给予了充分的支持,使幼儿的兴趣得以延续,促进了幼儿的深入探究,真正成为幼儿活动的支持者、合作者和引导者。

(二)注重实践操作,培养幼儿能力

小班幼儿正处于以直接感知和实际操作来学习的阶段。在活动过程中,幼儿通过切、榨、挤等方式制作天然染料,用刷子蘸取果蔬汁在纸上刷色、滴纸,尝试用天然染料染布,锻炼了幼儿的动手能力、观察能力和创造力。

(三)面对问题寻找解决方法,培养幼儿坚韧品质

在染布的过程中,幼儿是专注的、兴趣盎然的。即使遇到了问题,幼儿也并没有放

弃,而是积极思考、寻找"留住果蔬颜色"的办法。在这个过程中,幼儿通过联想、实践发现问题、寻找方法、解决问题,最终收获了色彩艳丽的花布,获得了成就感和满足感。

(四)家园合作,共同促进幼儿成长

家长是幼儿教育中不可或缺的支持者,家园共育在幼儿教育中起着至关重要的作用。对于小班幼儿来说,他们正处于认知发展的初期,许多知识理解起来存在一定难度。所以在本次寻找天然染料的活动中,仅靠幼儿园的力量是不够的,家长的参与能够为活动提供更丰富的资源和支持,使幼儿在材料收集、资料搜集和知识了解等方面更加全面深入。

一方面,家长与幼儿一起走进生活寻找天然染料,这不仅增进了亲子关系,还让幼儿在实际生活中亲身体验和感受,加深对天然染料的认识。另一方面,在材料准备上,家长的参与可以拓宽资源渠道。家长可以从不同的途径收集各种天然染料材料,为幼儿的探索活动提供更多的选择。发挥家园共育的作用,我们可以为幼儿创造一个更加丰富、有趣的学习环境,共同促进幼儿的成长和发展。

通过本次活动,幼儿感受到了自然的魅力和色彩之美,激发了他们对大自然的热爱。同时,本次活动培养了幼儿的科学探究精神和实践能力,为幼儿今后的学习和生活奠定了基础。本次活动也让教师更加深刻地认识到,要以幼儿为中心,关注他们的兴趣和需求,为他们提供丰富的探索机会和物质环境支持。

在今后的教育教学中,教师要继续以幼儿的兴趣为出发点,创设更多富有挑战性和趣味性的活动,激发幼儿的探究欲望和创造力。同时,要加强家园合作,家园基于共同促进幼儿的全面发展。让我们一起陪伴孩子们在探索的道路上不断前行,"染"出更加精彩的童年。

·中班课程故事·
小院扎染记

一、课程缘起

大四班的假日分享会活动中,幼儿对东东带来的一条扎染围巾产生了兴趣。

奇奇说:"真是太好看了,和别的围巾不一样!"

东东说:"那当然,这可是扎染做成的围巾呢!"

小泽说:"我知道扎染,妈妈带我去过一个侍伯伯的小院,里面就有很多这样好看的蓝花布。"

幼儿都说:"是吗?要是我们也能去看看就好了!"

《3～6岁儿童学习与发展指南》指出:环境是重要的教育资源,应通过环境的创设和利用,有效促进幼儿发展。分享结束后,看到幼儿对扎染的兴趣依旧高涨,于是教师立刻联系了小泽妈妈,得知小院是个进行非遗项目研究的场所。教师对小院进行了探访、

分析,从教育价值和儿童兴趣两个维度出发,决定依托小院这一教育资源,和幼儿开启一次扎染的探索之旅。

二、课程内容与过程实录

(一)一入小院,初识扎染

第一次进入小院,幼儿在小院自由参观,与吸引他们的扎染作品进行互动,在轻松自由的氛围中感受着扎染这一传统的艺术文化,记录自己发现的、感兴趣的、疑惑的内容。

"这些蓝色花布可真好看!""这个像花朵。""那个像蜘蛛网。""我看到了好几只小猫。""我觉得这个像在大海里。""这个和我们以前染的不太一样,以前我们是用纸来染,这次是染在布上。""这里的工具可真多呀,玻璃珠、夹子、木板、皮筋、麻绳还有管子,我们幼儿园也有这样的木板,这些都是干什么用的呢?"幼儿七嘴八舌地讨论着。

图 5-20　蓝色花布真好看　　　　图 5-21　这些是什么

《3~6岁儿童学习与发展指南》指出:幼儿的学习是以直接经验为基础的,教师可创设丰富的教育环境,最大限度地支持和满足幼儿通过直接感知、实际操作和亲身体验获得经验。小院归来,幼儿兴奋地交流自己的发现。他们对布上的图案花纹、丰富多样的工具、材料产生了浓厚的兴趣。讨论中,教师和幼儿一起收集、梳理问题,幼儿的话题现在聚焦在:"好看的蓝色花布到底是怎样染出来的?这么多工具都是干什么用的呢?"教师决定提供支持,再次进入小院,助推幼儿的进一步探究。

(二)再入小院,深度探秘

再入小院,幼儿有了明确的目的,他们带着任务观察小院工作人员扎染的过程,交流发现、答疑解惑。在互动中认真地记录扎染的过程。

幼儿发现:初探小院时看到的材料和工具都是用来捆扎的,捆扎的方法多种多样。在与小院工作人员互动的过程中,幼儿也学着他们的样子试着捆扎,还给这些捆扎方法起了名字。

幼儿观察到了扎染步骤,浆洗—捆扎—浸染(三浸三染)—解扎—冲洗—晾晒。在这个过程中,幼儿还发现染过的布刚从染箱里拿出来是绿色的,但过一会儿就会变成蓝色的,这是怎么回事呢?幼儿立刻询问了小院的工作人员。他们从小院工作人员口中得

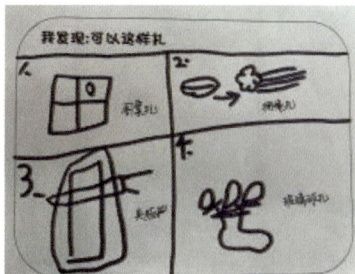

图 5-22　我可以这样扎

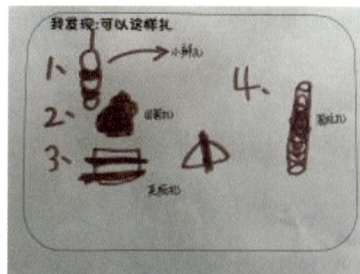

图 5-23　我来起名字

知,绿色变成蓝色是因为染布接触了氧气的原因,我们只要观察到布变为蓝色就可以开始第二次浸染了。

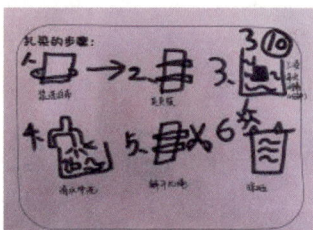

图 5-24　扎染步骤有哪些

图 5-25　变蓝色

教师反思:第二次探访小院,幼儿与扎染文化的对话更有针对性,更深入了,他们顺利解决了"一探"时产生的问题。通过经验梳理分享,幼儿对扎染的步骤、捆扎的方法等形成了较为完整的认知,神奇的扎染果然让他们着迷。但令教师始料未及的是,幼儿围绕大染箱里面有"独特"味道的染料,展开了热烈的讨论。《3～6岁儿童学习与发展指南》中强调:要关注幼儿的兴趣和需要,从幼儿的实际出发,选择适宜的教育内容和方式。于是,教师决定追随幼儿的兴趣,一起解密他们眼中这特殊的染料。

(三)奇特"臭"味,解惑染料

"这里面有海鲜吗,怎么有鱼腥味?"

"我觉得是蛤蜊味。"

"这水是坏了吗?"

"我也想染,可是这么难闻,染布的时候会不会中毒啊?"

图 5-26　这是什么味道

图 5-27　我的发现

特殊的染料中到底藏着什么秘密?教师鼓励幼儿运用多种途径寻找答案。幼儿可以查阅书籍,网上搜索,和爸爸妈妈一起调查。通过分享,大家发现,他们寻找到的答案并不统一。最终我们决定与小泽的妈妈进行连线,终于了解到,染料的调配有多种方法,而小院里的染料是用植物染膏调配的,特殊的味道是植物在发酵中产生的,对幼儿的身体没有伤害。连线第二天,小泽妈妈送给我们一大包植物染膏,幼儿们如获至宝,立刻表示要做一个像小院那样能盛很多染料的染箱,这样就可以在幼儿园的小院里染布啦。

图 5-28 原来是这样

教师反思:幼儿揭秘染料的过程是幼儿基于儿童视角,尊重、支持幼儿探索自己想法和发现的过程。多种方式的学习和家长的参与有效帮助幼儿解答了疑惑,让幼儿们进一步了解到扎染文化与人们生活的关系,也成为幼儿进行扎染体验的关键一环。

(四)合作探究,调配染料

怎样调出好用的染料呢?教师引导幼儿通过观看视频,了解染料配制过程,梳理染料配制任务单,支持幼儿尝试调配染料。

表 5-1 染料配制任务单

问题	解决过程	
怎样调出好用的染料	观看视频,梳理调配步骤	 调染料步骤
1:25 是什么意思?用什么来盛染膏和水	1:25 就是 1 杯染膏,25 杯水 水箱这么大,不能用杯子,装的水太少了 我们可以用桶,25 桶水很多	 我来试一试

问题	解决过程	
水太沉了怎么办	我们俩一起提	 我们俩一起提
	用小车运水更省劲,我们用小车吧	 小车运水
	发现水箱带轮子,把水箱推到靠近水源的地方	 水箱
倒了几桶水了	不能一起倒水,都不知道几桶了,每人倒一桶,轮流倒,我们一起数	 我们来数一数
	我来帮你们记,你们倒一桶我就摆一块石头	 用石头来记数
	我也可以记,我来画竖线	 用画线来记数

续表

问题	解决过程	
静置十分钟是多长	一分钟数60下，十分钟就数600下，600下太多了，请教师帮忙用手机计时	教师来帮忙
	回教室把表拿出来，我们就知道时间了	钟表本领大

调配步骤完成，幼儿满怀期待地等待着，十分钟终于到了，大家立刻进行检验，当水箱里浸染的布呈现绿色，又变成蓝色时，幼儿们就知道我们的染箱配置成功了。

教师反思：调配专属染箱是追随幼儿脚步推进的，如何选择容器、运水的方式、准确记录桶数和时间都是幼儿在探究过程中生成的问题，他们在一次次尝试中发现着合作探究的重要性，体验自主探索的快乐，在发现、尝试、解决问题的过程中，形成了良好的学习品质，进一步增强了探究的自信心。

（五）布里生花，创意无限

扎染探索之旅不断深入，专属染箱的诞生让幼儿兴奋不已，他们决定要在幼儿园里布置自己的"扎染小院"，创作美丽的扎染作品。

教师组织幼儿，结合两探小院中积累的照片、视频和表征资料，回顾了扎染的整个过程和关键步骤。幼儿开始行动了，他们将区角中的雪花片、积木、夹子、皮筋、毛根以及院落中的鹅卵石、树叶都收集整理到小院中，边捆扎边记录使用的工具和捆扎的样子，经过小心浸染、耐心解绑、认真清洗，一幅幅独一无二的作品被小手展开，惊喜愉悦的欢呼声不断回响在幼儿园的小院中。

图 5-29　小心浸染

图 5-30　我的作品

到这里,我们的故事暂时落下帷幕,但关于扎染,幼儿还有很多想法,扎染探索之旅和小院的扎染故事仍将继续。

三、总结与反思

《幼儿园教育指导纲要(试行)》明确提出:要充分利用社会资源,引导幼儿实际感受祖国文化的丰富和优秀,激发幼儿爱国的情感,萌发幼儿初步的感受美和表现美的情趣。扎染作为中国非物质文化遗产,具有独特艺术价值的同时,对幼儿也有很高的学习价值。在这个项目学习中,教师准确把握教育契机,挖掘、利用园内外资源,把扎染带到幼儿身边。幼儿在园内外的扎染小院中,观察、融入场景,提出、探究疑问,观摩、尝试操作。教师支持幼儿通过探访小院、合作学习、家长助力、实践操作,不断建构经验,在发展幼儿高阶思维,促进幼儿深度学习的同时,引导幼儿充分感受扎染这一中国传统文化艺术的独特魅力。

在活动组织的过程中,教师也在不断反思自己的教育行为,提供适宜的支持策略。

❶ 站在儿童视角,发现幼儿兴趣点

本次活动源于幼儿日常的一次交流,因为一条扎染围巾的分享,幼儿对扎染产生了浓厚的兴趣和好奇心,教师及时捕捉到了幼儿的兴趣点,在环境和物质上给予了充分的支持,使幼儿的兴趣得以延续,促进了幼儿的深入探究,真正成为幼儿活动的支持者、合作者和引导者。

❷ 挖掘教育资源,给予幼儿支持

幼儿园、家庭和社区都是幼儿教育中不可或缺的一部分,教师应充分挖掘周围教育资源,给幼儿提供支持,促进幼儿发展。本次活动,环境和物质的支持是幼儿能够继续深入探索的重中之重。在这个过程中,教师充分挖掘周围社区资源,为幼儿提供初探、再探扎染小院的机会。在园中为幼儿提供扎染场地,支持幼儿跟随兴趣,自主探索调配染箱。在扎染的过程中,发挥家园共育的作用,鼓励幼儿和家长共同查阅资料,发现染料的调配方法,连线家长,提供专业解答。通过一系列方法,支持幼儿的深入探索。

·大班课程故事·
跟着娃爽学蜡染

一、课程缘起

阅读区里的新书《蜡染与撑天伞》最近成了幼儿关注的热点。《蜡染与撑天伞》将古老的传说故事和苗寨的现代生活相交融,讲述了一个充满奇幻色彩的故事。绘本中精美的蜡染图案和独特的制作工艺深深吸引了幼儿的目光。那细腻的线条、丰富的色彩以及充满民族特色的图案,让幼儿仿佛置身于一个奇幻的艺术世界。

图 5-31　《蜡染撑天伞》绘本图片

媛媛说:"蜡染用的蜂蜡和我们平常用的蜡烛一样吗？"

轩轩说:"蜡染用的染液和我们之前扎染用的染液是一样的吗？"

子墨说:"蜡刀看起来像一支笔,但是笔头像个扫帚,真有趣。"

小语说:"龙姑娘的裙子好漂亮,我也想有一条那样的裙子。"

幼儿你一言我一语地讨论着,对蜡染有浓厚的兴趣。之前幼儿有过扎染的经验,对染色的过程有一定的了解,这有助于他们更好地理解蜡染的原理和方法。同时,蜡染活动可以培养幼儿的创造力、动手能力和审美能力。幼儿可以通过实践操作了解蜡染的历史和文化背景,尝试将蜡染作品制作成衣服,感受传统手工与生活之间的联系。

二、课程内容与过程实录

(一)制作蜡染秘籍

绘本中,苗族人民掌握的蜡染方法是娃爽传授的,那就让幼儿也跟着娃爽学一学吧。请幼儿再次阅读绘本,然后把蜡染的方法记录下来。

记录完后,请幼儿互相交换表征,看一看制作蜡染一共有几步骤。樱桃说:"我看好像有五个步骤。"子墨说:"我这个有四个步骤。"轩轩说:"我这个好像有七个步骤。"大家争论起来。

蜡染到底有几个步骤呢？请幼儿从书中再次寻找答案。这次大家没有整本阅读,而是只读了龙奶奶和龙姑娘一起做蜡染的部分。进行第二次表征的时候,再请幼儿想一想用什么方法记录能看起来更清晰、更明白。

这次的表征明显比第一次效果好了很多,幼儿有的用数字标出了序号,有的幼儿用箭头表明了顺序。

最后经过大家的讨论达成一致,制作蜡染需要六个基本步骤,分别是熔蜡、画蜡、染色、煮蜡、洗蜡、晾晒。

后来幼儿们又把蜡染需要的工具进行了表征,制作了属于我们班自己的蜡染小册子,幼儿们根据绘本的内容给这本册子起名叫"娃爽秘籍"。

图 5-32 "娃爽秘籍"

教师反思:大班幼儿已具备初步的自主学习能力。活动中,教师以绘本为媒介,激发幼儿兴趣,让幼儿自主记录蜡染步骤,引发不同观点的争论,从而促使幼儿主动去书中寻找答案。教师引导幼儿思考更清晰的记录方法,提升了幼儿的思维能力。通过讨论达成一致并制作小册子,幼儿增强了合作能力和创造力,也为后续的蜡染做好了准备。整个过程中,教师始终扮演引导者的角色,让幼儿在自主探索中学习,培养了他们发现问题和解决问题的能力。

(二)神奇的蜂蜡

蜡染首先需要准备的就是"蜡",幼儿对此展开了讨论。"蜡染用的是蜡烛吗?""是我们过生日用的蜡烛那种吗?""故事里说的小蜜蜂把身上的蜂蜡蹭在了白布上。""小蜜蜂不是会酿蜜吗?怎么身上还有蜡?"

幼儿们的问题越多,说明他们探索的愿望越强烈。教师将幼儿关于蜂蜡的疑问发到家长群,引起了很多家长的兴趣。他们纷纷表示可以利用周末的时间和幼儿一起探究蜂蜡是怎样来的、有什么用处。

小苹果说:"蜂蜡就是小蜜蜂的蜂巢,是工蜂肚子上的蜡腺分泌出来的蜡质。"

子墨说:"蜂蜡热一下就融化了,放冷了以后就变成一块一块的。"

轩轩说:"蜂蜡还不怕水,所以可以用来做蜡染。"

小语说:"这是我和妈妈用蜂蜡做的蜡烛和口红。"她还向大家展示了她和妈妈用蜂蜡制作蜡烛的视频。

教师将提前准备好的蜂蜡分给幼儿,请他们近距离观察。"蜂蜡摸起来滑滑的。""闻起来是香香的味道。""是不是每一个小洞洞里都住着一只小蜜蜂?""蜂蜡看起来像个迷宫一样。"……轩轩提出了自己的疑问:"怎样能让蜂蜡化成蜡烛水呢?""我知道,加热一下就行。"子墨给出了答案。

由于加热蜂蜡有一定的危险性,所以教师用展示台给幼儿演示了蜂蜡融化的过程,还给大家介绍了大豆蜡、石蜡等多种不同的蜡材。

图 5-33　蜂蜡开始融化　　　图 5-34　蜂蜡完全融化　　　图 5-35　蜡与蜂蜜分离

教师反思：家园共育打破了幼儿园教育的局限性，将教育延伸至家庭环境。家长积极参与幼儿对蜂蜡的探索，不仅为课程注入了新的活力和资源，更在无形之中培养了幼儿的自主探究精神和实践能力。教师作为引导者，巧妙地利用家长的参与，组织分享会和实践活动，进一步深化了课程内容。这种家园合作的模式为幼儿创造了一个更加丰富、多元的学习环境，有力地推动了课程向纵深发展，为幼儿的成长提供了更广阔的空间。

（三）跟龙奶奶学画蜡

因为蜡的特性决定了"画蜡"时不能修改，为了保证最后蜡染的效果，我们请幼儿先设计图案。由于受到绘本中故事情节的影响，他们第一次设计的图案大都以雨伞、花朵、蜜蜂等为主。

为了能让幼儿创作出更多有特色的图案，教师创设了"跟龙奶奶学画蜡"的主题展览，主要请幼儿欣赏蜡染的不同图案，了解图案里蕴含的故事和美好祝福，加深他们对蜡染中文化元素的认知。

幼儿观察到了蜡染的图案主要分为三个类型，有动物，如鱼、蝴蝶、鸟等；有植物，如各种形态的花卉和草木；有图形，如圆形、方形、三角形、螺旋等。当看到放大的冰裂纹时，幼儿争论起来，有的说像摔碎的盘子、有的说像蜘蛛网，幼儿的奇思妙想激发了大家再次设计的愿望。

教师鼓励幼儿可以将自己想到的图案大胆地画出来，还可以将不同的图案和花纹进行组合，设计和别人不一样的蜡染布。

幼儿的第二次设计图案更加丰富、花纹更加细致。

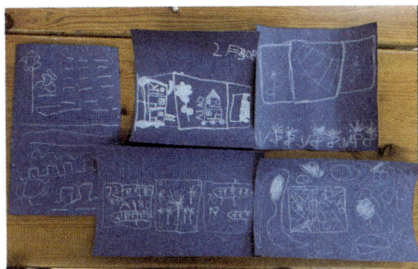

图 5-36　幼儿第一次作品　　　　　　图 5-37　幼儿第二次作品

教师反思：欣赏蜡染的本意是让幼儿感受这一传统艺术的深厚文化底蕴和独特审美价值，教师要避免先入为主限制幼儿的创造性。起初幼儿受绘本影响设计较单一，参观展览后他们观察到不同类型的图案，激发了幼儿的想象力和创造力。我们鼓励幼儿大胆创作与组合，让他们在欣赏中汲取灵感而非被束缚。这启示我们：美术欣赏活动应提供丰富素材与引导，激发幼儿自主思考与创新，在认知文化的同时保持创造性，让幼儿在艺术的世界里自由翱翔，展现独特的艺术表达。

（四）我们来做蜡染

经过了前面几次的阅读和探究活动，幼儿对用蜡画画充满了期待，可是用什么工具又成了大家讨论的焦点。幼儿找来了竹签、棉签、牙签、水粉笔、毛笔等各种工具，进行了多次的尝试，最后还是认为蜡刀最好用，不会很快就凝固。

画蜡的过程中要保持蜡液的温度，所以防烫是首先要解决的安全问题。经过了多次的寻找和尝试，我们选用了低温的蜡烛，温度保持在 40 ℃左右。尽管这样我们还是在画蜡前对幼儿进行了详细的安全教育。出乎意料的是幼儿在画蜡的时候格外的安静，沉浸其中，一笔一画地照着设计稿画，每个人都完成得特别好。

染色的过程幼儿已经很熟悉了，他们用计时器计时，三染三晾，每次十分钟。煮蜡的过程由教师操作，同时录制了视频让幼儿观察随着水温的升高，蜡是怎样一点儿一点儿浮出水面的。洗蜡的工作是幼儿最喜欢的，他们就像绘本中的龙姑娘一样，搓呀搓、洗呀洗，白色的花纹和图案越来越清晰。经过一天的晾晒，幼儿的蜡染作品终于完成了。

图 5-38　画蜡　　　　图 5-39　画蜡　　　　图 5-40　染色

三、总结与反思

❶ 传统文化活动体验活动中幼儿探究精神的培养

传统文化凝结着劳动人民的智慧，就像蜡染工艺，从蜂蜡的获取到精美图案的绘制，无不展现着先人的创造力。在引导幼儿接触这些传统文化时，不要局限于技能的传授，要激发他们的探究欲望。在本次蜡染课程中，从对绘本中蜡染的好奇开始，幼儿就不断提出问题，这些问题都成了他们探索的起点。从探究蜡染的步骤，到了解蜂蜡的特性，选择画蜡的工具到图案的设计，幼儿通过阅读绘本、记录表征、实验操作、观察分析等方法寻找问题的答案,始终保持着强烈的探究欲望。幼儿不仅学习了一项技能,更是传承一种精神。这种精神蕴含着对传统文化的喜爱与敬重,以及对历史的好奇与珍视。通过接触和探索传统文化,幼儿能够理解其背后的价值意义,在这个过程中,可以培养幼儿坚韧不拔的毅力和勇于创新的思维品质,为他们未来的成长筑牢坚实的根基。

❷ 让传统文化融入幼儿的生活

绘本《蜡染与撑天伞》将古老的传说故事与现代生活相交融,以生动有趣的方式吸引幼儿的目光。幼儿在课程中体验蜡染的制作过程,从熔蜡、画蜡、染色、煮蜡、洗蜡到晾晒,每一个环节都让他们感受传统工艺的魅力。所以幼儿产生了将蜡染作品制成衣服的想法,他们希望拥有像绘本中龙姑娘那样漂亮的裙子,这表明传统文化是可以融入幼儿的日常生活中的,也是他们表达个性和美的一种方式。此外,家园共育活动也在家庭生活中融入了更多的传统文化元素。这种传统文化与现代生活的结合,有助于将传统文化更好地传承下去。

❸ 辩证地看待课程中的安全问题

蜡染活动涉及加热蜂蜡和使用蜡烛等,具有一定危险性的操作。出于安全考虑,没有完全放手让幼儿参与全部过程,在一定程度上限制了幼儿的体验。在活动过程中,我们发现幼儿是有足够的自我防护意识的。教师应该在保障幼儿安全的前提下,尽可能地为他们提供探索和实践的机会。通过合理的安全措施和教育,幼儿学会如何保护自己,同时也能够充分发挥创造力和探究精神。

图 5-41 展示作品

·小班游戏案例·
有趣的染画

一、活动背景

在小班的日常活动中,我们发现幼儿对色彩有着浓厚的兴趣。无论是在绘画区拿起彩色画笔涂鸦,还是在户外看到鲜艳的花朵兴奋地讨论颜色,都能明显感受到他们对色彩世界的好奇与探索欲望。一天,幼儿拿着画笔,尽情地在画纸上挥洒着自己的想象,敲敲在活动中不小心打翻了颜料,颜料洒到了旁边的画纸上并在画纸上迅速晕染开来,形成了好看的图案。幼儿的目光瞬间被这意外的景象吸引住了。

于是我们就在这个意外的美丽中,开启一段充满惊喜与发现的色彩之旅。同时,小班幼儿具有强烈的自主意识和自我表达欲望,他们渴望通过自己的方式去发现和创造,我们决定和幼儿一起探索色彩染画游戏,让幼儿在自由、开放的氛围中,充分发挥自己的想象力和创造力,用色彩来表达内心的世界。在这个过程中,幼儿将成为活动的主人,他们可以自主选择颜色,探索不同的染画方法,在色彩的海洋中尽情遨游,享受艺术创作带来的快乐和满足。

二、活动内容与过程实录

(一)奇妙的色彩初体验

当颜料在画纸上晕染的那一刻,幼儿围拢过来,纷纷发出惊叹:"哇,好漂亮呀!""这是怎么回事呢?"他们开始仔细观察画纸上的色彩变化,有的幼儿轻轻地用手指触摸着晕染的部分,感受着颜料的质感。

幼儿纷纷进活动区开始动手尝试起来,有的小朋友拿起滴管,轻轻地挤压,看着颜料滴落在宣纸上慢慢扩散开来,兴奋地叫起来:"看,颜色在跑呢!"这时,安安一边挤颜料一边说:"老师,我的怎么染不开呀?""你看看你的颜料和我的颜料有什么不一样呀?""奥,老师的颜料是在水里的!""对了,我们要将颜料融入水之后再开始进行晕染。"幼儿继续在美工区尝试染画,这时,糖糖问:"老师,为什么颜料会散开呀?"我回答说:"因为颜料遇到纸就会慢慢扩散哦。那你们猜猜如果滴上其他颜色的颜料会怎么样呢?"他们纷纷开始猜测。

"这个红色好漂亮呀!""我喜欢蓝色。""我们也可以尝试染好多颜色的!"他们开始自主地选择自己喜欢的颜色进行尝试。

图 5-42　尝试晕染

教师反思:在幼儿对奇妙色彩初体验的过程中,我看到了他们对新事物的好奇与探索欲望。幼儿通过观察、触摸去感受颜料的变化,这是他们主动学习的表现。幼儿在操作的过程中,对于颜料的不同进行了思考,在比较和观察中了解颜料的使用,我应抓住这样的契机,引导他们进一步探索色彩的奥秘,鼓励他们大胆猜测和尝试,培养他们的观察力、思考力和创造力。同时,也要为他们提供更多的材料和机会,让他们在自主探索中不断成长和进步。

（二）自主探索的开始

幼儿被这奇妙的现象激发起了强烈的探索欲望，他们纷纷回到自己的座位，尝试着模仿那个意外的场景。有的故意将颜料滴在画纸上，看着颜料慢慢扩散；有的则尝试用不同的力度倾倒颜料，观察晕染的效果差异。

在这个过程中，我并没有急于干预，而是在一旁静静地观察，留意着幼儿的一举一动。当看到有幼儿遇到困难或出现疑惑时，我才会适时地给予一些引导。比如，当有幼儿不知道如何控制颜料的扩散范围时，我会轻声提醒："想一想，我们可以用什么办法来让颜料只在一个小范围内晕染呢？""倒的时候要轻轻的。""可以用吸管蘸一蘸颜料然后滴到纸上。"大家你一言我一语说着自己不同的方法。

随后幼儿到美工区，自己选择材料进行尝试，最后他们发现倒颜料的时候要轻轻的，也可以尝试用不同的工具蘸取颜料来进行。

教师反思：在这个过程中，我并没有去干预，而是让他们在自主尝试中积累经验、发展思维。鼓励这种多样化的探索，培养他们解决问题的能力。同时，教师也要关注每个幼儿的发展水平，根据他们的需求提供个性化的引导，让幼儿在自主探索与适当引导的结合中，更好地感受色彩的奇妙，提升艺术素养。

（三）色彩的融合之旅

随着探索的深入，幼儿开始尝试用各种工具来辅助创作。有的小朋友拿起小刷子，轻轻地在颜料上刷动，创造出独特的纹理；有的则用吸管吹气，让颜料朝着不同的方向流动。

同时，幼儿还开始尝试将不同颜色的颜料混合在一起，观察新的色彩变化。"红色和蓝色在一起变成紫色了！""黄色和蓝色变成了绿色！"他们兴奋地交流着自己的发现。

图 5-43　混合颜色　　　　图 5-44　交流颜色变化

教师反思：幼儿大胆的探索和尝试让我看到了他们无限的创造力。使用各种工具辅助创作，展现他们丰富的想象力和动手能力。混合不同颜色颜料并观察新的色彩变化，这是他们对色彩认知的深入探索。同时，可以适时引导他们思考色彩变化的原理，进一步提升他们的科学认知。这样的活动，培养了幼儿的观察力、创造力和对艺术与科学的热爱。

（四）探索折叠，一起染个花手帕

在探索过程中，幼儿之间的交流也越来越多。他们会互相展示自己的作品，分享自己的创作方法和心得。"你看我这样做出来的图案像一朵云。""我和你一起玩好不好？"于是，幼儿开始合作进行染画创作，共同创造出更加丰富多彩的作品。比如将纸折叠进行染色，将各种工具综合使用进行染色等，在这一过程中，引导幼儿尝试进行折叠染色，他们开始发挥自己的创造力，尝试用不同的方式操作。有的把宣纸轻轻对折，进行染色，当看到颜料在对折后的纸上相互印染形成对称图案时，他们的脸上露出了惊喜的表情，仿佛发现了一个巨大的宝藏。

"哇，好神奇呀！""我要再折一下看看。"幼儿兴奋地说着，不断地尝试各种折叠方法，有的把纸折成三角形，仿佛在搭建一个彩色的小帐篷；有的折成小方块，像是在制作一个神秘的彩色魔方；还有的幼儿更是大胆创新，把几张宣纸叠在一起滴颜料，好奇地观察着不同的效果。

然而，在尝试的过程中，问题也随之出现。颜料滴得太多，纸变得湿漉漉的，几乎要被浸透。但幼儿并没有因此气馁，他们那小小的脑袋瓜开始飞速运转，思考着解决办法。"我们少滴一点吧。"韬韬提议道。"可以用纸巾吸一下。"另一个幼儿也积极地出谋划策。他们在尝试中不断调整自己的操作方法，勇敢地面对挑战。

图 5-45　展示染好的手绢

教师反思：在幼儿折叠染色的过程中，我看到了他们无限的创造力和合作精神。幼儿积极地交流与分享，共同探索新的创作方法，这是他们社交能力和团队意识的良好体现。在这样的活动中，要给予幼儿充分的探索空间，让他们在尝试中积累经验。

三、总结与反思

源于意外，激发自主探索：活动由一个意外事件引发，充分激发了幼儿的好奇心和自主探索欲望。幼儿在没有预设的情况下，主动地去尝试、发现和创新，感受色彩的神奇魅力。这次活动也激发了幼儿的自主探索精神，为他们未来的学习和生活奠定了坚实的基础。

教师引导，适时适度：教师在活动中扮演着引导者的角色，不过分干预幼儿的探索，而是在恰当的时候给予提示和指导,帮助幼儿解决问题,这种恰到好处的引导,既尊重了幼儿的主体地位,又推动了活动的深入开展。

开放性强:活动没有固定的模式和要求,给予了幼儿充分的自由。幼儿可以自由发挥想象,大胆尝试各种方法,用小刷子在颜料上轻轻刷动,用吸管吹气,混合不同颜色的颜料,观察新的色彩变化,每位幼儿用自己的方式诠释着色彩的奥秘,创造出属于自己的独特作品。

互动性高:幼儿之间积极交流、合作,分享彼此的经验和发现,他们一起探讨颜料的扩散方式,一起尝试不同的工具,一起惊叹色彩的奇妙变化。这种互动不仅增强了他们的社交能力和合作意识,还让他们在交流中学会了倾听、理解和尊重他人。

激发兴趣,感受艺术创作的快乐。染画活动为小班幼儿提供了一种接触艺术、感受艺术的机会,让他们在游戏中体验色彩的魅力和创作的快乐,激发他们对美术活动的兴趣和热爱。

通过观察和操作不同颜色的颜料,幼儿可以认识颜色、了解颜色的混合变化,提高他们的观察力和认知能力。同时,折叠宣纸的过程也能让幼儿初步感知对称的概念。

本次色彩探索活动以其独特的特点,为幼儿打开了一扇通往艺术与科学的大门。在这里,幼儿不仅体验到了色彩的奇妙,还培养了自主探索的精神、解决问题的能力、创造力和社交能力。

·中班游戏案例·
扎染趣多多

一、课程缘起

在一次美术活动中,教师发现幼儿对玩色时用来擦手的五彩斑斓的湿巾产生了浓厚的兴趣,不少幼儿在用湿巾擦完手后说:"哇!湿巾变得好美呀!""湿巾为什么会变成这样啊?"幼儿无意间发现的湿巾染色现象让教师联想到中国民间艺术扎染。扎染是中国民间传统工艺,也是国家级非物质文化遗产。扎染内容丰富,教师计划以此为契机激发幼儿感受美和表现美的兴趣,引导幼儿感受中国民间传统工艺的魅力。

二、活动内容与过程实录

1 扎染首秀

幼儿对染色游戏的兴趣越来越浓厚,他们想染一块属于自己的花手帕。由于水粉颜料染的湿巾不适合重复使用,所以教师在活动室区角投放了纯白色方巾、橡皮筋、大头夹子、染料等材料,供幼儿继续探索给布染色。在了解了毛细现象的知识,掌握了一定的调色技巧后,幼儿在户外游戏时间继续玩起了给布染色的游戏。小雨抓起方巾的中心点旋转,然后尝试捆扎,但尝试了好几次都不满意,最后她选择抓起方巾的中心点将其捋直,然后用橡皮筋从上往下把方巾扎成三节,接着她将染料瓶里的染料直接倒在方巾上染色。小航尝试将方巾沿边慢慢卷折,然后非常耐心地用橡皮筋从上到下捆扎了五节,接着将不同颜色的染料混合在杯子里,并用滴管上色。

高兴则是把方巾折成了一个小三角形,然后对三个角进行捆扎,并细致地在方巾的正反两面上色。旁边的豆丁看到后迫不及待地对高兴说:"快打开看看。"于是,豆丁打开了方巾,漂亮的色彩和图案引来了同伴的夸赞。这时,小雨的方巾也完成了染色,她把自己的作品展示给同伴看,大家互相欣赏并开心地互相夸赞。看着大家都有美丽的作品,豆丁拿着自己的作品着急地对教师说:"老师,为什么我的染完色后是这样的?"只见豆丁的方巾染色不均匀,还有许多空白的地方。教师把豆丁的问题抛给了染色成功的高兴:"高兴,你知道豆丁的方巾为什么会这样吗?"高兴觉得是因为豆丁的方巾没有折叠,于是豆丁学习高兴的方法把方巾折叠成了三角形并进行捆扎,然后再上色,果然染色成功了,她高兴地向大家展示了自己漂亮的作品。

教师反思:在这次游戏中,幼儿尝试了方巾的不同叠法和扎法,有的叠成三角形并对三个角进行捆扎,有的沿边卷折成窄窄的长方形并进行多处捆扎,有的抓起方巾的中心点将其捋直并进行捆扎。在染色方法上,有的幼儿用的是滴染,有的幼儿使用之前的调色经验,尝试先将染料混合后再进行染色。在初次尝试扎染的过程中,有的幼儿立刻就呈现了美丽的作品,有的幼儿却没有成功。因此,教师引导幼儿互帮互助、互相学习,努力使每个幼儿都获得成长。

图5-46 展示作品　　图5-47 捆扎过程　　图5-48 捆扎完成

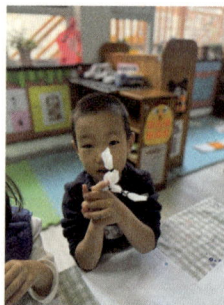

2 创意扎染

在引导幼儿欣赏了衣服上不同的图案后,教师问幼儿:"你们想在方巾上染什么样的图案呢?"小航说:"我喜欢小圆点的图案。"豆丁说:"我喜欢小花,我想染出许多小花的图案。"高兴说:"我想在方巾上染出小花和圆形组合的图案。"幼儿大胆想象自己想要染出的图案,并认真地在画纸上进行表征记录。画完后,幼儿拿着自己设计的图案,在班级里寻找各种可能用到的材料,如圆形塑料球、有波浪边的积木、像小花一样的雪花片等。游戏时,幼儿边观察思考,边利用不同的材料在方巾上捆扎。小航设计的是波点的图案,他拿起圆形塑料球放进方巾里捆扎,然后在不同的扎结部位滴上不同颜色的染料。由于圆形塑料球太大,小航扎染的波点图案不是很理想。豆丁设计的是碎花图案,她将雪花片捆扎在方巾里进行染色,但是最后打开方巾时上面并没有出现小花的图案,而是出现了其他形状的色块。高兴先把方巾折成三角形,然后拿起两块圆形木片,将折好的方巾夹在中间,然后用夹子固定,可是木片太厚,夹子无法夹住,她尝试了很久后想到用两根冰糕棍一上一下放在木片上,用橡皮筋扎紧变成一个"大夹子"进行固定,从而顺利解决了问题。最后,她在方巾上扎染出了和自己的设计图类似的图案。

教师反思:在游戏前,教师创设了相应的游戏情节,引导幼儿根据自己的设计图进行创意扎染。设计图既能提高幼儿游戏的目的性和计划性,也能帮助幼儿思考如何收集和创造性地使用生活中常见的低结构材料进行扎染。幼儿的创作过程和作品是他们表达自己的认知和情感的重要方式,教师应支持幼儿富有个性和创造性的表达,克服过分强调技能技巧和标准化要求的偏向。

3 扎染进行中

当幼儿第一次完成了扎染的作品,在晾晒后,高兴突然发现:"为什么颜色好淡啊,一点都不好看!"小航说:"是不是我们染的时间不够,所以颜色不够深呢?"豆丁补充道:"可能是我们晒的时间太短了,所以颜色不深了,我们应该晒得时间长一点。"幼儿给出了自己的答案,那到底是什么原因造成着色不深的问题呢?

教师敏锐地捕捉到了幼儿的疑问,并将他们的疑问进行整理归纳,引导幼儿一步一步地解决出现的着色不够深的问题。在第二次的扎染过程中,幼儿都注意到了染的时间的问题,幼儿有意地将布在染料中多浸泡了一会,教师问:"怎么才能知道我们泡了多久了呢?""用计时器,就知道我们泡了多久了!"小航说。幼儿这次设定的时间是15分钟,时间一到幼儿拿出了染布进行了接下来的步骤——晾晒。这一次幼儿增加了晾晒的时间,让染布多多与空气接触。经过这一次的努力,染布的颜色终于达到了幼儿想要的效果。

图 5-49 展示作品　　　图 5-50 成品创作展示

教师反思:在扎染过程中,幼儿提出了"着色不深"的问题,教师没有急于帮助幼儿去解决问题,而是让幼儿通过自己的讨论与探究得出可能影响着色的原因,教师在此充当着支持者角色,支持幼儿提出的解决方案,充分给予幼儿帮助,让幼儿自行解决疑问,自行验证想法,在这个过程中,给予了幼儿自主探究发展的时间。

三、反思与总结

1 以问题驱动促进幼儿深入探究

在活动过程中，教师会看到幼儿许多个性化的表现，听到幼儿问"为什么"，这时教师要善于敏锐地察觉幼儿的发展需要，聚焦幼儿的兴趣，支持幼儿深入探究。当幼儿提出"湿巾为什么会变色"的问题时，教师要及时进行价值判断，以问题进行驱动，引导幼儿在区域活动中通过小组合作学习的方式对毛细现象和扎染工艺进行探究，引发幼儿的深度学习。

2 以多元化支架为基点促进幼儿积极思考

教师是幼儿学习活动的支持者、合作者、引导者。在探究活动中，教师以多元化支架为基点，促进幼儿积极思考。在游戏过程中，教师用拍照、录像等方式对幼儿的每次探索进行记录，这有利于教师把握幼儿游戏中的细节，帮助幼儿梳理问题，促进幼儿积极思考。例如，在染色游戏中，教师引导幼儿在游戏后观看视频、照片，思考"小航是怎么让湿巾变色的""如何给湿巾染出更美的图案呢"等。需要注意的是，教师在拍摄记录幼儿探索的过程时，要确保过程的完整性和延续性，这样才便于梳理幼儿的游戏过程，同时以问题为导向，提升幼儿的问题解决能力，促进幼儿思维的发展。教师在游戏过程中与幼儿互动时，也可以多用反问、追问等方式启发性提问，促进幼儿思考。另外，教师可以提供丰富的玩色材料，拓展幼儿的创意空间。当幼儿提出想拥有自己的专属手帕时，教师及时提供染料、小方巾等材料，并鼓励幼儿收集生活中可以扎染出美丽图案的低结构材料，大胆想象、创作，画出设计图，支持幼儿用自己的方式表现美、创造美。

3 以充分的交流分享促进幼儿经验的整合

在游戏结束后，教师有时候会因为时间原因而忽略游戏活动的分享，或是分享环节以教师分享为主，缺乏幼儿的表达，在一定程度上影响幼儿经验的整合和提升。因此，教师在确保幼儿有充足的游戏时间的前提下，也应当预留足够的时间让幼儿清楚地表达自己在游戏中遇到的问题、得到的收获，以及解决问题的办法等，从而促进幼儿经验的整合。例如，在游戏结束后，教师请幼儿拿着色卡说说自己调色的方法，并鼓励幼儿大胆展示自己扎染的方式。通过这样的交流分享，幼儿可以大胆地表达自己的想法，促进思维的发展、经验的整合。

图 5-51 美工区　　　　　图 5-52 班级主墙饰

·大班游戏案例·
染工坊文创商店

一、活动背景

染艺以其色彩斑斓、图案自然、变化无穷的特点,深受人们喜爱。班中幼儿对染这一艺术形式十分感兴趣,并一起用自己的作品在班中开设了"染工坊博物馆",有一天,开心说:"老师,妈妈暑假带我去了辽宁省博物馆,博物馆里有一个文创商店,里面的东西可漂亮了,我觉得我们班染工坊博物馆也可以开一个文创商店!"其他小朋友纷纷赞同开心的提议,于是,幼儿就打算一起行动再开一个染工坊文创商店。

二、活动内容与过程实录

(一)探寻文创商店

决定好要开文创商店后,高兴提出了自己的问题:"文创商店到底长什么样呀?""我知道里面有很多漂亮的东西!""博物馆里面应该会有很多书吧!""我们去文创商店看一看吧!""我们可以先在网上搜一搜文创商店到底长什么样!"我与幼儿一起通过网络搜到了很多文创商店的图片,幼儿也展开了激烈地讨论,幼儿决定去就近的博物馆实地考察一番,看一看文创商店到底是什么样的,同时,他们将自己的所见所闻用自己的方式记录了下来,并在班中展开了激烈地讨论,这也为幼儿后面开设文创商店积累了前期经验。

图 5-53 集体讨论

(二)开店需要什么呢?

在实地探访了文创商店并展开热烈讨论后,幼儿的好奇心与探索欲被进一步激发。小西的问题"文创商店里面到底有什么呢?"立刻引起了大家的共鸣,大家纷纷回忆起所见所闻,开始列举起文创商店里的各种商品。

高兴抢先说道:"我们去了博物馆的文创商店,里面有好多有趣的东西!有根据博物馆展品设计的精美文具,比如印有古代书画图案的笔记本和书签;还有结合了传统文化元素的现代服饰,穿上它们就像穿越时空一样;更有创意十足的玩具和摆件,每个都藏着小故事,让人爱不释手。"

小明补充说:"对,对!我还看到了很多生活用品,比如水杯、雨伞,它们的设计都很有特色,让人一眼就能看出是哪个博物馆的文创产品。而且,这些产品都很有质感,让人想买回家收藏。"

这时,小美提出了一个新的角度:"我觉得我们开店时,也要把我们的创意和扎染一起融入进去。"

教师思考:通过这一轮的讨论,幼儿对开店所需的基本要素有了更加清晰的认识。他们明白了,开一家文创商店不仅仅是把商品卖出去那么简单,更需要用心去设计商品、布置店铺、宣传推广,才能让更多的人了解并喜爱上他们的文创产品。教师可以提供更多资料上的支持,为幼儿后面游戏的顺利开展奠定基础。

(三)文创商店筹备会

1 起个名字吧!

决定开商店后,幼儿就名字展开了激烈的讨论,"要不就叫染文创店吧""要不就叫好玩文创店吧!""我们的颜料五颜六色的,要不就叫彩虹文创店吧!"幼儿们纷纷说着自己的想法,这时候开心说:"我们投票决定吧。"经过幼儿一起投票,决定就叫"彩虹扎染文创商店",决定好名字后,幼儿也一起设计了自己心中的文创商店。

2 在哪里开店呢?

分工结束后,小西又提出了自己的问题:"我们应该在哪里开店呢?"这可难倒了不少小朋友,这时高兴跑过来问我:"老师,我们的文创商店应该开在哪里呢?""小朋友们可以看一看我们教室的区角位置,看看哪个位置既能有足够的空间,又能吸引到你们的顾客呢?"这时小美提出:"我们一起沿着教室转一圈吧。"经过观察和思考幼儿决定在博物馆旁边角色区开这个商店。

3 一起制作创意商品

确定好位置后,幼儿一起通过不同形式的染来制作自己的文创商品,并标明了价格,他们有的做了一件T恤,有的把扎染的布料粘在了油纸伞上,有的进行了剪贴画,有的用型糊染制作了抱枕套,忙得不亦乐乎,制作完作品,幼儿一起用扎染的布料精心布置了他们自己的"彩虹文创店"。

图 5-54　染制 T 恤　　　　　图 5-55　制作文创作品

4 怎样分工呢?

布置完商店后,幼儿就分工展开了激烈的讨论:"店里需要哪些人员呢?""有收银员!""还有售货员!""我们应该还需要整理人员,将我们的商品摆放整齐!""可是这样我们怎么分得清谁是干什么的呀?"开心提出了疑问。"我看超市的阿姨都带着牌子,要不我们也做一下自己的工作牌吧!"高兴说。其他小朋友们纷纷点头表示同意。幼儿分好工后,就到美工区制作起了自己的工牌。

图 5-56 讨论分工 图 5-57 分工记录

教师思考:幼儿根据自己的生活经验进行文创商店策划,通过自主的合作交流思考为文创商店起名字、选地址、布置环境,并进行人员分工,不仅体现出幼儿在游戏中的主体地位,也体现出幼儿解决问题能力的提升,交往能力的良好发展。

(四)"彩虹文创店" 开张啦

1 第一次游戏

工作牌制作完成后,小店要正式营业啦,幼儿带好自己的工作牌站在店门口迎接客人,班中的"小客人"都纷纷跑过去买自己心仪的商品,玩得很开心。

游戏后,我请参与游戏的幼儿一同上来分享,"小客人"纷纷提出了自己的问题:"商店秩序太乱了,还有插队的。""物品虽然摆放得很整齐,但是没有分类摆放。""我要拿的东西太多了,有时候会拿不过来。""工作人员"一边听一边将"客人"的问题用画笔记录了下来,并进行了一番讨论,他们决定设置维持秩序的人员保证商店的秩序,用美工区的空框子作为客人的购物篮,方便"购物"时使用,同时也将店里的物品进行分类摆放,并做好了小标志。

图 5-58 购买文创商品

2 第二次游戏

区角游戏时间,"工作人员"又布置好了场地,招呼"小客人"前来买物品,这一次幼儿都玩得很有秩序,"老板"和"小客人"都玩得很开心,在后期幼儿根据自己的生活经验还增添了送货到家服务。

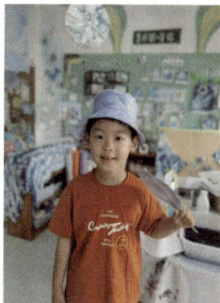

图 5-59　幼儿将文创商品穿在身上

图 5-60　用代币来购买商品

教师思考:在游戏中,幼儿通过实践,发现了一系列问题,同时,与同伴一同合作解决了问题,并将环境中的物品有机地融入游戏中,比如"将美工区的空框子当作客人们的购物篮",在整个解决问题的过程中,教师全程是观察者、引导者,没有过多去干涉幼儿的游戏,同时,也锻炼了幼儿用符号进行表征的能力,尊重幼儿的主体地位,提升幼儿解决问题的能力,也在游戏中丰富了幼儿的生活经验。

三、总结与反思

游戏"染工坊文创商店",让幼儿在轻松愉快的氛围中了解各种染的文化,掌握染的基本技能,同时培养了他们的审美情趣、创新思维和团队协作能力。

活动特点:

1 游戏化设计,寓教于乐

大班幼儿正处于好奇心强、爱动手的年龄阶段,他们喜欢通过游戏来探索世界。这一次"染工坊文创商店"的游戏,将染工艺的学习与角色扮演游戏相结合。幼儿在游戏中扮演店主、顾客等角色,通过买卖各种染的文创产品来体验染艺的魅力。这种寓教于乐的方式不仅激发了幼儿的学习兴趣,还让他们在游戏中自然而然地掌握了扎染技能。

2 自主创作,激发潜能

在本次游戏中,幼儿拥有高度的创作自主权。他们可以根据自己的喜好和想象选择布料、颜色和图案进行创作。在创作过程中,幼儿大胆尝试不同的扎结方法和染色技巧,激发他们的创新思维和创造力。此外,教师适时给予指导和帮助,确保幼儿在创作过程中遇到问题时能够及时得到解决。

③ 幼儿主导的自我探索

在"染工坊文创商店"游戏中,我们特别注重幼儿自我探索的过程。活动不仅仅是教师主导的教学展示,更是幼儿主动发现、尝试和创造的空间。我们设置了开放性的任务和挑战,鼓励幼儿自主探索扎染材料、工具的使用方法,以及文创商店的运营方式。例如,幼儿可以自主决定文创产品的定价、设计宣传海报、制定销售策略等。这种自我探索的过程不仅激发了幼儿的好奇心和求知欲,还培养了他们独立思考和解决问题的能力。

活动价值:

① 传承与弘扬传统文化

"染工坊文创商店"游戏通过让幼儿亲身参与各种染工艺的学习和创作过程,使他们更加深入地了解了扎染文化的历史渊源和艺术特色。这种亲身体验的方式有助于激发幼儿对传统文化的兴趣和热爱,从而促使他们更好地弘扬这一宝贵的文化遗产。

② 培养审美情趣和创新能力

各种染的艺术以其独特的色彩和图案吸引着幼儿的目光。在创作过程中,幼儿需要仔细观察、认真思考和大胆想象才能创作出满意的作品。这种创作过程不仅培养了幼儿的审美情趣和审美能力,还激发了他们的创新思维和创造力。通过不断地尝试和探索,幼儿逐渐形成自己独特的艺术风格和创作思路。

③ 增强社会实践能力

"染工坊文创商店"游戏还通过模拟买卖过程来增强幼儿的社会实践能力,丰富了幼儿的生活经验。在活动中,幼儿需要扮演店主或顾客等角色进行交易。这种模拟过程不仅让幼儿了解了买卖的基本流程和规则,还让他们学会了如何与他人进行沟通和协商,将自己生活中的经验应用到游戏中。

·小班生活活动案例·
小小双手,大大成长

一、活动背景

在小班画彩虹活动结束后,幼儿看着自己有点脏的衣服,纷纷露出担忧的神色。乐乐皱着小眉头说:"我,我的衣服脏了,怎么办呀?"萌萌也跟着着急起来:"我的也是,会不会洗不干净呀?"在画彩虹活动中,幼儿通过洒水画的方式绘画,活动充满趣味但也容易弄脏衣物和双手,我们发现了幼儿在卫生和自理能力方面的诸多问题。小班的幼儿自我防护意识较弱,对于穿围裙、戴手套这些基本的防护措施往往难以独立完成。很多时候,其他小朋友都已经尽情地投入活动中了,个别幼儿却还在费力地穿戴围裙和手套。这主要源于小班幼儿年龄小,手部精细动作发展不完善,对卫生的重要性认识不足,且在日常生活中缺乏足够的自理能力训练。充分考虑到幼儿的这些特点,希望通过一系列的生活活动,帮助幼儿提高自理能力和卫生意识。同时,也思考如何将这些活动变得更加有趣、游戏化,以吸引幼儿的积极参与。我们希望通过引导幼儿自己解决这些问题,培养他们的自理能力、合作精神和责任感。

二、课程内容与过程实录

(一)趣学穿戴

在开展洒水画活动前,我们发现小班的幼儿对于穿围裙和戴套袖还比较陌生。鉴于洒水画活动前需要准备的东西较多,而小朋友的自理能力会直接影响活动效果。同时,小班生活活动占比较大,许多良好生活习惯须在其中养成,于是我专门设置了学习穿围裙和戴套袖的活动。

活动开始前,我拿着套袖和围裙问道:"小朋友们,你知道这是什么吗?谁知道怎么穿呀?"图图指着我手中的围裙说道:"老师这是衣服吗?"米粒说道:"老师我知道这个是套袖!我看到我姥姥戴过!"可是聊到要怎么穿的时候小朋友们纷纷摇头。"这个是围裙和套袖,它们可以保护我们的衣服不被弄脏。那我们先来学习戴套袖吧!"我拿起一个套袖,向小朋友们展示大小口:"看,大口是这边,小口是另一边,我们要把小口对着我们的手,然后把胳膊伸进去。"小朋友们跟着教师的动作尝试着,我们发现有的小朋友会把套袖的小口当成大口往胳膊上套,于是我们便把套袖大口上贴上了标志方便小班幼儿分辨。接着是围裙,围裙采用套头式设计,教师一边示范一边说:"小围裙,套头上,就像戴帽子一样哦。"但在过程中我们发现,让小班幼儿同时戴套袖和穿围裙有一定难度,而且占用的时间较长。于是后期我们调整围裙的样式,为小班小朋友提供套头衫式的围裙,并配上儿歌:"小围裙,套头上,前面有个小口袋,后面平平真可爱。"在儿歌的帮助下,幼儿逐渐学会了自己穿戴围裙。

图 5-61 教师讲解反穿衣的穿法

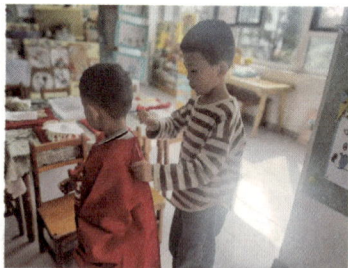

图 5-62 幼儿穿戴反穿衣

教师反思:小班幼儿能力比较弱,在小班的活动设计中要充分考虑幼儿的实际能力,为幼儿提供的材料要更利于幼儿操作。在套套袖时,教师通过标识让幼儿可以自己分清大小口,体验到自己完成的成就感,加强驱动力。一开始设置的穿围裙和戴套袖两步走对于幼儿来说确实有难度,及时调整策略后效果显著。同时,小班游戏化的方式和儿歌的运用能极大地激发幼儿的学习兴趣,而教师与幼儿的积极互动也让幼儿更加投入。活动中,小班幼儿要更加注重提前观察和了解幼儿的情况,根据实际灵活调整活动内容和方式,为他们提供适宜的帮助。

(二)巧整颜料

洒水画活动结束后,整理颜料成了一项重要任务。由于洒水画活动用到了很多颜料,小朋友们在活动中容易把场面弄得比较乱,颜料常常洒得到处都是,整理起来也有一定难度。

活动结束后,我先让小朋友们观察周围的情况。"小朋友,现在我们来看看刚刚画画的地方,你们发现了什么呀?"小朋友们纷纷回答:"颜料洒了。""东西乱放。""对呀,那这样乱乱的可不好哦,那我们应该怎么整理呢?大家仔细看看这些颜料和工具,有没有什么发现呢?"

正正说:"有瓶装的颜料和罐装的颜料。""那它们可以放在一起吗?"小朋友们开始思考,汤圆说:"不可以。形状不一样。""那我们根据形状来想想,可以怎么来摆放它们?"小朋友们开始积极讨论,最后小朋友们将瓶装的放在了一起,罐装的放在了一起。

将颜料框摆进班级的美工橱中后,我们发现了一个新的问题,每次收纳颜料框时摆放的位置都是不固定的,导致小朋友会有收颜料时找不到材料框的现象。那怎样引导幼儿更好地收纳呢?于是教师请小朋友们一起来想想办法,果果说:"老师能不能像我们的小橱子一样贴上图案呀?"听了果果的建议我准备了一些小标识,圆形的标识是放瓶装颜料的地方,方形的标识是放罐装颜料的地方。于是我们一起把颜料一一对应摆放,幼儿们在教师的引导下,开始认真地整理颜料。有的幼儿小心翼翼地把瓶装颜料放进圆形标识的篮子里,还不忘把盖子盖紧;有的幼儿把罐装颜料轻轻地放在方形标识的盒子里。

图 5-63 教师和幼儿一起整理材料　　图 5-64 整理好的材料

教师反思:小班的生活活动具有趣味性、直观性和重复性等特点。在这些生活活动中,如整理颜料,对幼儿的习惯培养和学习发展有着重要的价值。教师在引导幼儿认识颜色和分类摆放时,让幼儿发现问题并思考解决方法等,增强幼儿的学习兴趣和参与度。通过提问引导幼儿自己观察和思考颜料的摆放方式,幼儿学会了分类、对应和整理物品,培养了良好的生活习惯和秩序感。同时,在认识颜色和掌握颜料存放方式的过程

中,幼儿也获得了知识的积累,在一定程度上帮助幼儿养成了良好的整理习惯。

(三)洗净小手

在整理完颜料之后,洗手就成了接下来的重要环节。我发现小班幼儿洗完手后,毛巾上有不同程度的脏污。于是,我边拿出两条毛巾,边对幼儿说:"小朋友们看一看,老师这里有两条毛巾。你们看这两条毛巾有什么不同呢?"他们好奇地盯着两条毛巾,发现一条毛巾很干净,而另一条则沾染上了很多颜料。我请他们一起考虑为什么会这样子呢?幼儿开始思考,城堡说:"是手没洗干净。"于是我们便一起讨论如果我们手没洗干净,擦手的时候毛巾就会有颜色。那怎么样才能把手洗干净呢?

幼儿开始热烈地讨论起来。多多说:"没有颜色了就干净了。"沐沐说:"多冲水。"一宁说:"可以用手搓一搓有颜色的地方。"认真听着幼儿的讨论,我总结道:"大家说得都很有道理。我们洗手的时候要认真搓洗,把手上的颜料都洗掉。如果肥皂沫有颜色,就说明还没洗干净,要再洗一遍。等肥皂沫变成白色,冲干净了,我们的手就干净啦。"

接着,我带着幼儿一起洗手。"先把袖子挽起来,打开水龙头,把手冲湿,然后抹上肥皂,搓搓手心,搓搓手背,搓搓手指缝。"幼儿跟着教师认真地洗手。洗完后,大家一起观察自己的手和毛巾,看看有没有洗干净。一宁看着自己的毛巾说:"我的毛巾干净了。"听到一宁的话其他小朋友也纷纷检查自己的毛巾。

图 5-65 教师引导幼儿观察两条毛巾的不同

教师反思:在这个过程中,幼儿培养了良好的卫生习惯和学习能力。他们能够认真地学习洗手的步骤,并且在洗手的过程中非常仔细。在小班的教育中,我们要注重培养幼儿的卫生习惯,让他们在健康的环境中成长。同时,我们也要通过示范和引导,让幼儿学会正确的生活技能。在这个过程中,要不停地表扬洗得干净的幼儿,让他们感受正确洗手的成就感。习惯不是一朝一夕养成的,需要我们反复地引导和强调,持续关注幼儿的卫生习惯,通过不断地提醒和鼓励,帮助他们养成良好的洗手习惯。

三、总结与反思

在本次系列活动中,我们深刻体会到了小班生活活动的独特魅力和重要价值。生活活动充满着趣味性,穿围裙戴套袖、整理颜料以及洗手等环节,以游戏化的方式进行这些活动,让幼儿在快乐中学习和成长。生活活动具有直观性,通过实际的操作和具体的物品展示,如不同形状的颜料容器、毛巾的对比等,幼儿能够更加直观地理解和掌握知识与技能。生活活动具有重复性,习惯的养成并非一蹴而就,需要不断地重复和强化。

这些生活活动对幼儿习惯的培养起到了至关重要的作用。在学习穿围裙戴套袖的过程中,幼儿学会了自理,提高了自己的动手能力,为今后独立参与各种活动打下基础;在整理颜料环节,幼儿学会了分类、对应和整理物品,培养了良好的秩序感和责任感;而在洗手环节,则让幼儿养成了良好的卫生习惯,懂得保持自身清洁的重要性。

图 5-66 幼儿认真洗手

回顾整个活动,我们深刻体会到小班幼儿的发展潜力和成长。尽管他们年龄小,但在面对问题时,他们表现出了强烈的好奇心和探索欲望。通过引导他们自己解决问题,我们培养了他们的自理能力、合作精神和责任感,在今后的教育活动中,我们应继续关注幼儿的生活需求和实际问题,提供更多让他们自主探索和解决问题的机会。我们可以进一步拓展活动内容和形式,将生活技能的培养融入更多的日常活动中,让幼儿在不知不觉中提升自己的能力。

通过这次活动,我们更加深刻地认识到生活活动在幼儿习惯培养和学习发展中的重要性。在今后的教学中,我们将不断改进自己的教学方法,根据幼儿的特点和兴趣设计生活活动,为幼儿的成长提供更好的支持和引导。

·中班生活活动案例·
材料整理有我在

一、活动背景

扎染活动时,幼儿都穿着反穿衣、戴着小手套,热火朝天地进行着扎染,体验了扎染文化的魅力,也学会了制作许多漂亮的作品。每当浸染环节结束后,他们总是争先恐后地将手上的工具甩开,目光被浮出水面的扎染作品所吸引。他们总是急匆匆地问:"老师,我的作品能带回家吗?""老师,我的作品好看吗?"说完后便又急匆匆地带着自己的作品开始展示。

球球说:"老师,包子又没把这些东西送回去!"

尚尚说:"老师,小朋友们都走了,我一个人收拾不完!"

钰钰说:"大家!谁能帮我一起来收拾?"

幼儿望着杂乱的班级讨论着,为此感到苦恼。幼儿每次扎染活动后仅仅将自己的物品收好带走,却常常忽视了公共物品的摆放整理,为班级造成了较大的整洁和清洁负担。生活活动贯穿幼儿的一日生活,蕴含着巨大的教育意义。幼儿有将物品按照图标提示一一对应放好的经验,在升入中班后也开始担任值日生的工作。此次活动根据中班幼儿的年龄特点,结合前期的整理经验,带领幼儿尝试在扎染结束后将物品归纳整齐,让幼儿感受整理这项劳动的乐趣,从而培养幼儿的自主劳动的意识。

二、活动内容与过程实录

(一)整理知多少

在这一次的扎染活动结束后,我并没有急匆匆地让幼儿和我一起将班级整理整齐,而是让他们把作品放好后回到自己的位置上坐好。我请幼儿观察我们的教室现在是什么样子。轩轩说:"是乱七八糟的。"航航说:"手套都掉在地上了。"艾艾说:"扎染的颜料滴得到处都是,我们都没法做别的事情了。"

我请幼儿回忆扎染之前班级是什么样子的。王子说:"是干干净净的。"米粒说:"这些材料都是摆放在美工区的。"

经过讨论,幼儿都一致认为以前的班级更整洁更舒适,我们需要把班级变回原样。如何变回原样呢?幼儿又各自提出了自己的意见,我将幼儿的想法记录下来,大多数幼儿希望能够将物品收回原位,将教室清扫干净。他们认为只有将物品放回原位,才能保证材料不会丢失,当我们下次使用的时候到固定的位置寻找,就能找到想要的东西。只有将桌子清扫干净,才不会把他们的小手和衣服弄脏。

图 5-67 幼儿扎染   图 5-68 幼儿整理扎染工具

教师反思:中班幼儿正处于积极探索、好奇心强的阶段,他们遇到问题愿意出谋划策,有兴趣去提出和解决问题。活动中教师结合实际情况,及时地为幼儿提供思考的环境,通过引导幼儿观察周围环境、对比活动后与活动前的环境,引导幼儿感受整理的重要性。同时让幼儿作为班级的小主人积极讨论、大胆交流来寻找解决策略,增强幼儿解决问题的兴趣和积极性,幼儿对整理的目标有了明确的认知,也为下一阶段幼儿探索整理方法做好铺垫。

（二）整理好方法

幼儿决定好要将扎染的物品打扫整理干净，并对什么是整理展开了激烈的讨论。"整理就是要把东西摆放整齐。""可以把它们都放在筐子里。"于是幼儿又开始争先恐后地收拾，可是每个人都着急把东西看也不看地扔进筐子里，东西是收进去了，但每个筐子乱七八糟，根本看不出来有什么。这时王子大喊："太乱了！我们这样还是找不到东西啊！"

我请幼儿去看看班级区角的收纳，想想能不能得到什么启发。这时王子大喊："这些筐子上面都有图片。"艾艾说："我们看着图片就知道该把什么放进去了，其他东西不能放进去。"幼儿通过观察了解到整理的小妙招，如果筐子上有图片的提示，整理收纳会更明确一点。我为幼儿发了白纸和彩笔，让他们尝试画一画筐子里面都可以摆放什么，它们画好后根据图片的提示，收纳起来比刚才快多了，但还是很混乱。

我们面临了一个新的问题，画画的幼儿能看懂自己画面的内容，可其他幼儿看不懂就不知道该收纳到哪里，每个人的标准都不一样，筐子里就还是乱七八糟。那该如何让幼儿都能认识里面是什么呢？教师请幼儿仔细观察其他区角的筐子。开心发现了："上面有玩具的照片！""老师，你可以帮我们拍照吗？"于是我用相机拍下来，打印成照片贴在筐子上，幼儿对照着箱子上的提示图将玩具收回，他们一致认为，这种方式收纳起来方便多了！

当幼儿兴致勃勃地把整理好的筐子往回放时，有两个幼儿争吵起来："老师这个筐子是放在这里的""老师！我这个才是放到这里的。"平时幼儿在整理区角玩具时都会按照小标志整理和摆放筐子，于是我为幼儿打印好小标志、分别贴在筐子和它们在柜子的对应位置上，幼儿用小标志对对碰的方式，很快就能找到对应的位置啦。老师看到幼儿解决了这项困难，不由得夸奖道："你们真是太棒了！"幼儿脸上洋溢着自豪的笑容。

图 5-69　摆放整齐的橱子

图 5-70　扎染材料

教师反思：幼儿在整理收纳时不是一个人进行，在此过程中需要不断地与同伴、教师进行沟通交流、合作才能完成，在碰撞和协调中逐渐养成和谐相处的好习惯。幼儿通过观察和回想此前整理玩具的情境，将先前的整理经验迁移到此次活动情境中，通过不断地进行实践与改进成功解决了各类问题，幼儿探索和解决问题的能力得到进一步的发展。教师在幼儿产生疑问时及时介入，持续观察和倾听幼儿的需求，给予鼓励和帮助，让幼儿自主尝试、探索,感受劳动的价值,培养幼儿养成关心与爱护环境的好品质。当幼儿取得成果时及时给予幼儿正面的肯定,有利于增强幼儿整理的自信心,提升内在驱动力。

(三)整理好习惯

前一次幼儿整理得非常整洁,但整理的过程花费了过多的时间,幼儿都表示很辛苦。在新一次的扎染活动中,幼儿又高高兴兴地将材料拿出,当玩得忘乎所以的时候,刚整理好的材料又被弄乱了。幼儿看着桌子上的一片狼藉,不禁犯了愁,又开始忙碌地整理收拾起来。如果每一次都这么收拾那也太麻烦了,而且整理过后会制造出各种各样的垃圾,桌面和地上也变得脏兮兮的,我们要想办法能让整理变得轻松一点。

幼儿互相指责着对方:"老师,他总是把颜料弄得到处都是!""老师,他用完笔就扔在这里不管。"幼儿都能发现彼此的问题,但经常忽略自己的问题。教师提醒幼儿:"你们观察得很仔细,能找出许多问题来,但是在作品完成后,请先把自己的材料整理清点好。"听到这句话后幼儿便忙着整理眼前的材料,整理工作就变得井然有序。

在后续的活动中,幼儿整理得越来越迅速了,可仍有一些材料被孤零零地扔在公共区域,是谁的呢?大家都不记得了。"那就让小值日生检查一下我们收拾得好不好。"升入中班后幼儿开始担任值日生,我结合小值日生的职责,重新布置了任务。班级里有几位特别热心的幼儿,我将他们分成三个大组,让他们当小组长,小组长负责组织好自己组的幼儿将材料清点完毕后,统一放回对应的筐子里,小值日生负责与小组长交接并进行最后的清扫工作,如此一来,大家整理的任务更加清晰,整理也更加方便了。

整理材料渐入佳境,但是每次整理都会占用其他活动的时间,怎样才能整理得更快呢?教师告诉幼儿:"我们要爱护好工具才能让下一次的整理任务轻松一点。"于是,我和幼儿一起协商制定了整理公约:每次拿物品时要排队,用完的物品要放回原位。物品是怎样摆放等都做了详细的说明。每个人都爱护班级环境,班级环境变得更加整洁了。

图 5-71　整理好的美工橱

图 5-72　整理好的材料橱

教师反思:教师通过引导幼儿感受整理的过程,体会整理的不易,进而理解劳动的重要性,珍惜劳动成果。在活动中,教师抓住不同幼儿的个性特点,有针对性地分配任务,让幼儿能在合作中发挥自身优势,增强幼儿的自主意识。通过多次整理活动,幼儿熟悉整理方法,促进良好习惯的养成。教师与幼儿协商制作整理公约,明确具体要求,提升幼儿对规则的认同感与参与感,推动幼儿自觉遵守公约,强化幼儿"有序"的规则意识。

三、总结与反思

❶ 了解整理常识,培养良好的生活习惯

幼儿的生活活动形式丰富,贯穿一日活动。经过小班一年的生活,中班幼儿对掌握一日生活流程已较为熟悉,也具备一定的整理玩具、分类摆放知识。物归原位的关键在于明确"原位",幼儿只有明确了解整理常识,掌握整理方法,才能按照一定的标准进行劳动,让整理变得高效且具有意义。在生活场景中体验整理有助于幼儿深入理解整理常识,拓宽了经验范畴,提升运用经验的主动性,助力养成良好生活习惯。

❷ 掌握生活技能,提高自理能力

幼儿是实践的主体,应充分发挥自主性与能动性。在整理活动中,教师为幼儿提供广阔的实践空间,让幼儿主导整理活动。从萌发整理意识到逐步学会整理,幼儿将前期整理经验迁移至当下活动,探寻更便捷、适宜的方法,从而掌握生活技能。教师及时给予幼儿鼓励与肯定,将整理能力突出的小朋友作为榜样,让其他幼儿效仿,增强幼儿整理的积极性与主动性,在一次次尝试中,幼儿逐渐掌握整理技能,能独立完成各项整理环节并相互提醒,自理能力显著提升。

❸ 促进幼儿适应集体生活

探索过程中总是蕴含着重重的困难,中班幼儿热爱探索,乐于尝试解决问题。集体生活中遇到的问题兼具共性与个性。面对共性问题,幼儿认真倾听,分享自身经验,沟通交流是促进幼儿和睦相处的重要环节;面对个性问题,幼儿需要恰当表达想法,以获得他人认同,同伴与同伴、同伴与教师通过合作达成目标,充分锻炼幼儿社会交往能力,推动其更好地融入集体生活。然而,实践过程中部分幼儿难以按照制定的规则进行整理,常常出现因为时间紧急而乱放东西的现象,整理时声音较为吵闹。教师要及时提醒,引导幼儿用适中的音量与他人沟通,必要时可以走到身边轻声交流。还应定期与幼儿复盘总结,调整公约内容,优化整理环节,提高整理成效。

·大班生活活动案例·
参观蜡染博物馆

一、活动背景

蜡染是我国民间传统的印染工艺,具有独特的艺术魅力与深厚的文化底蕴。为使大班幼儿深入了解蜡染文化,感受传统文化的博大精深,我们组织了此次参观蜡染博物馆

的活动。活动开展前,我们对大班幼儿已有经验和发展水平进行了分析。大班幼儿已经具备了较强的观察力与好奇心,对周围的事物充满了探索欲。同时,他们在幼儿园的生活中积累了一定的自理能力与规则意识,但面对新环境和挑战时,还需要进一步提高自我管理与解决问题的能力。此外,大班幼儿正处于幼小衔接关键期,培养他们的独立性、自主性和团队合作精神,对于顺利过渡到小学阶段具有重要意义。基于以上考虑,期望通过这次参观活动,让幼儿亲身体验蜡染文化魅力,提升自我服务和服务他人的能力,培养良好的行为习惯和社会品质。

基于分析对活动教育价值及体现幼儿的特点分析,确定活动目标如下。

1. 感受蜡染文化的独特魅力,激发对传统文化的热爱和自豪感。

2. 能在参观过程中自主管理自己的行为,遵守博物馆的规则和秩序。

3. 了解蜡染的制作工艺和历史渊源,增长知识,拓宽视野。

二、活动过程

整个活动分为游览前、游览中、游览后三个阶段,下面请大家一同感受幼儿这次有趣的出行。

(一)游览前

❶ 确定目的地和时间

为了更好地让幼儿了解"蜡染",前期我们进行了大量的有关"蜡染"知识的学习与了解,知识储备完成后,就需要让幼儿亲身感知蜡染,所以我们将目的地确定为"蜡染博物馆"。

确定好目的地后,幼儿自发地讨论起了何时出发的问题,大部分幼儿关注到出发当天的天气,末末说:"我们可以看看天气预报,不下雨的时候我们就可以出发。"于是我拿出手机与幼儿一起查看近几日的天气预报,同时也丰富了相关经验,最终挑选了天气最好的一天。

❷ 确定物品

因幼儿有每月爬山看海的出行经验,所以出发之前养成了准备"小书包"的习惯,教师借此提出了问题:"参观蜡染博物馆需要准备哪些物品呢?"幼儿们积极思考、纷纷发言。有的说要带水壶,因为参观过程中会口渴;有的说要带小背包,用来装物品;还有的说要带笔记本和笔,以便记录自己感兴趣的内容。教师鼓励幼儿将认为需要携带的物品画下来,制作成"出游物品清单"。最终参照物品清单,幼儿们确定好此次出行要携带的物品。

❸ 明确注意事项

教师组织幼儿讨论集体外出时的注意事项,特别是参观博物馆的特殊要求。幼儿踊跃发言,提出了许多注意事项。

末末说:"要遵守博物馆的规则,不大声喧哗。"

卷卷说:"不能触摸展品。"

左左说:"要跟好队伍,不擅自离队。"

教师将幼儿提出的注意事项进行整理和总结,形成明确的活动规则,并引导幼儿牢记。

④ 考察游览路线

教师提前前往蜡染博物馆,考察游览路线,了解博物馆的各个展厅的分布和展示内容。同时,观察博物馆周边的环境,如厕所、休息区位置,以便参观过程中为幼儿提供帮助。

⑤ 整理物品

活动当天,幼儿们早早地到幼儿园,兴奋地准备着参观所需的物品。他们按照自己制作的"出游物品清单",认真地整理着小背包,将水壶、笔记本、笔等物品整齐地放入。教师在一旁观察,及时给予幼儿指导和帮助,确保幼儿能够正确地整理物品。

⑥ 分组和推选小组长

每组推选一名小组长,负责带领组员排队、清点人数。教师鼓励幼儿自主推选,锻炼他们的民主意识与责任感。小组长推选出来后,积极地履行职责,组织组员排队,准备出发。

(二)游览中

幼儿们排着整齐的队伍,在教师和小组长的带领下出发了。一路上,他们遵守交通规则,靠右行走,路口时等待绿灯。教师及时表扬,强化幼儿的良好行为习惯。

图 5-73　幼儿等待绿灯

① 了解博物馆基本情况

工作人员热情地迎接幼儿,并介绍了博物馆的基本情况与参观流程。幼儿认真聆听,对参观博物馆充满了好奇和期待。教师提醒幼儿要尊重工作人员,感谢他们的介绍。

2 跟随讲解员

幼儿们跟随讲解员走进了蜡染博物馆的展厅。展厅里陈列着各种各样精美的蜡染作品,幼儿们被这些作品深深吸引,不时发出惊叹声。讲解员根据幼儿年龄特点与认知水平,用生动形象的语言,介绍蜡染的历史、制作工艺、特点和文化内涵等。

图 5-74　工作人员给幼儿讲解蜡染作品

3 自主观察和记录

参观过程中,幼儿们自主观察蜡染作品的细节,如图案、色彩、纹理等,并尝试用自己的语言描述作品的特点。教师鼓励幼儿用笔记本和笔记录感兴趣的内容,如喜欢的作品、学到的知识。幼儿们在记录的过程中,不仅提升了观察能力和记录能力,还培养了对蜡染文化的兴趣。

图 5-75　幼儿抚摸蜡染作品

图 5-76　幼儿观察蜡染作品

（三）游览后

教师组织幼儿回顾参观过程,总结学到的知识与经验。幼儿积极发言,分享自己的收获。有的说学到了蜡染的历史和制作工艺,有的说学会了欣赏蜡染作品的美,还有的说感受到了蜡染的魅力。教师对幼儿的总结进行了补充和归纳,帮助他们巩固所学的知识。

三、总结与反思

（一）对活动效果的反思

1 幼儿的自主性和独立性得到了充分发挥

在整个参观过程中,幼儿们能够自主管理行为,遵守博物馆的规则秩序。幼儿展现了较强的自主性和独立性,能够自己整理物品、排队、点数人数。例如,在参观博物馆时,幼儿们能够保持安静,不随意触摸展品,认真聆听讲解员讲解,积极提问,表现出对知识的渴望,积极参与活动。

❷ 幼儿对蜡染文化有了更深入的了解和认识

通过参观蜡染博物馆,幼儿对蜡染的历史、制作工艺、特点及文化内涵有了更直观感受与了解。在观察蜡染作品的过程中,幼儿能够欣赏作品的美,感受传统文化的魅力,并用自己的语言描述蜡染作品的特点,如图案的精美、色彩的鲜艳等,还能够说出绘制图案、上蜡、染色等制作过程,说明他们对蜡染文化有了较深入的理解。

❸ 活动有助于幼儿良好行为习惯和社会品质的养成

本次活动注重培养幼儿的良好行为习惯和社会品质,如遵守规则、尊重他人、爱护环境。参观博物馆的过程中,幼儿能够遵守博物馆的规则,不大声喧哗,不随意触摸展品,体现了对他人劳动成果的尊重。同时,幼儿们在整理物品和清理垃圾的过程中,养成了良好生活卫生习惯与环保意识。能够主动将垃圾放入垃圾桶中,整理好自己的物品,保持环境的整洁。

(二)对教师组织引导的反思

❶ 教师充分发挥了引导者和支持者的作用

在活动前,教师与幼儿一起讨论活动的计划与准备,充分调动幼儿的主体作用。活动中,教师时刻关注幼儿的安全与需求,及时给予指导帮助,确保活动的顺利进行。例如,在幼儿整理物品时,教师给予了适当的指导,帮助他们掌握整理物品的方法技巧;参观博物馆时,引导幼儿观察作品、思考提问,促进幼儿的学习发展。

❷ 教师注重培养幼儿的综合素质

本次活动不仅关注幼儿知识技能培养,还注重培养幼儿的情感、态度与价值观塑造。教师引导幼儿感受蜡染文化魅力,激发幼儿对传统文化的热爱与自豪;培养幼儿团队合作意识与社交能力,促进了幼儿全面发展。

四、存在问题和改进措施

❶ 存在问题

活动时间安排不够合理,导致参观过程有些仓促,幼儿没有足够的时间仔细观察体验。部分幼儿对蜡染的制作工艺理解不够深入,需要进一步加强讲解与演示。教师引导幼儿欣赏蜡染作品时,对幼儿审美能力培养不足,需要更加注重引导幼儿感受作品的艺术美。

2 改进措施

优化活动时间安排,合理分配参观各展厅的时间,确保幼儿有足够时间进行观察体验。参观过程中,增加蜡染制作工艺的讲解和演示环节,让幼儿更加直观地了解蜡染的制作过程。教师引导幼儿欣赏蜡染作品时,注重从色彩、图案、构图等方面培养幼儿的审美能力,引导幼儿欣赏作品的艺术美。

本次参观蜡染博物馆的生活活动,是一次富有意义的教育实践。幼儿们不仅深入了解了蜡染文化,感受了传统文化的魅力,还在实践中锻炼了自我管理和自我服务的能力,培养了团队合作意识与社交能力。同时,教师在活动中不断反思改进教育教学方法,提升专业素养,未来将继续努力,为幼儿提供更多丰富多彩的生活活动,促进幼儿的全面发展。

·小班家园共育案例·
能吃的染料

一、课程缘起

为了提升幼儿对印染活动的兴趣,教师在区角中投放了制作果蔬染料的材料。幼儿们积极参与,动手操作,体验创造的乐趣。然而,活动中幼儿产生了一个疑问:"果蔬染料能吃吗?"小班幼儿对水果和蔬菜有一定的认知,知道它们可以用来制作各种美食,但并不清楚能否将果蔬制作成的染料食用。生活中,我们会用带颜色的蔬菜和水果的汁液制作彩色的面食,但是小班幼儿的动手操作能力弱,在幼儿园里组织用果蔬汁制作面食的活动需要更多成人的指导。如果在家庭中亲子共同制作,一方面解答孩子的疑问,培养幼儿的探究精神与解决问题的能力,另一方面能让家长认识到在日常生活中蕴含着丰富的教育资源,通过亲子活动锻炼幼儿的动手能力,让幼儿感受发酵、加热等现象,培养幼儿热爱劳动的情感,促进亲子关系。因此,教师设计了以"能吃的染料"为主题的家园共育活动,为幼儿创造一个更加丰富、有趣的学习环境,让幼儿在探索中不断成长。

二、课程内容与过程实录

在班级群中将幼儿的疑问告知家长,并在家委会的小群中请家长们带头在家里进行实践。没过多久,就收到了第一个家长反馈案例。

(一)彩色的馒头

硕硕的奶奶为了能让他爱上吃馒头,打算和他一起制作彩色馒头,正好能用到"能吃的染料"。硕硕看着奶奶拿出新鲜的菠菜、胡萝卜和火龙果,问道:"奶奶,这些真的能做出彩色馒头吗?"奶奶笑着回答:"当然可以啦,宝贝。这些蔬菜水果不仅能做出漂亮的颜色,还很健康呢。"

　　硕硕帮奶奶把菠菜洗净切段,放入榨汁机中榨出绿色的汁液。硕硕用杯子接着,兴奋地说:"哇,好绿呀!"接着,奶奶又和硕硕一起把胡萝卜和火龙果分别榨汁,得到了橙色和紫红色的汁液。奶奶把果汁里放入酵母,硕硕问道:"奶奶这是什么呀?"奶奶告诉他:"这是酵母,可以让馒头变得又香又软。"奶奶又把面粉分成三份,分别倒入不同的果蔬汁,开始和面。硕硕也伸出小手帮忙揉面,一边揉一边问:"奶奶,这个面什么时候才能好呀?"奶奶耐心地说:"别着急,宝贝,等面揉得光滑了,我们就让它发酵。"面和好后,奶奶把面放在温暖的地方发酵,过一会儿面团变得胖乎乎的。接下来奶奶把面分成一份一份的,和硕硕一起数了数一共 12 份,每种颜色各有 4 份。奶奶和硕硕一起做了可爱的兔子馒头。最后,把馒头坯子放入蒸笼里蒸。硕硕期待地守在旁边,问:"奶奶,馒头什么时候能熟呀?"奶奶说:"再等一会儿就好啦。"不一会儿,香喷喷的彩色馒头出锅了。硕硕开心地拿起一个橙色的馒头先递给奶奶,自己又拿了一个绿色的馒头咬了一口,说:"奶奶,这个彩色馒头真好吃,原来果蔬染料真的能做出好吃的东西呢!"奶奶笑着摸了摸硕硕的头,说:"你这么能干,以后我们可以用更多的蔬菜水果做出漂亮又好吃的东西。"

图 5-77　清洗　　　　　　　图 5-78　蒸彩色馒头

　　教师反思:在硕硕和奶奶制作彩色馒头的过程中,奶奶耐心地回答硕硕的每一个问题,适时地进行讲解,介绍酵母的作用和馒头成熟的过程,让硕硕在实践中学习,增长了生活常识。硕硕在整个做馒头的过程中,通过观察不同果蔬汁的颜色、感受面团的变化等,对事物的认知更加直观和深刻。他参与和面、数馒头坯子等活动,锻炼了数学思维和动手能力。

　　在家庭日常生活中,这样的亲子活动对幼儿的发展有着多方面积极的影响。它培养了幼儿的劳动意识和热爱生活的情感。硕硕在制作馒头中体会到了劳动的乐趣和成就感。同时,亲子互动增强了幼儿的安全感和自信心,奶奶的耐心教导和鼓励让硕硕敢于尝试,不怕犯错。这种和谐的家庭氛围有助于幼儿养成良好的性格和价值观,为幼儿的成长奠定坚实基础,我们也应鼓励更多的家庭开展类似的活动,促进幼儿全面发展。

(二)神奇的紫甘蓝

　　丫丫的奶奶经常在家里制作各种可口的点心,有时还会带到幼儿园和大家分享。她听说要和孩子一起研究"能吃的染料"特别高兴,便和丫丫一起用紫甘蓝制作了彩色的面条。

奶奶找来一棵紫甘蓝,对丫丫说:"宝贝,今天我们就用这颗紫甘蓝变出不同的颜色,好吗?"丫丫好奇地看着紫甘蓝,问道:"奶奶,真的吗?怎么才能变出不同颜色呢?"奶奶把整颗紫甘蓝都切成小块,放入榨汁机中榨出紫甘蓝汁,分别盛在碗里。在一个杯子里加入了白醋,丫丫用筷子搅拌了一下,紫甘蓝汁变成了红色。在第二个杯子里加入了小苏打,丫丫搅拌了一下,紫甘蓝汁变成了蓝色。在第三个杯子里加入了一勺碱,丫丫又搅拌了一下,紫甘蓝汁又变成了绿色。丫丫兴奋地说:"奶奶,好神奇呀!为什么会这样呢?"奶奶对丫丫说:"宝贝呀,紫甘蓝汁可神奇啦。它是一个会变魔法的小精灵,碰到不一样的东西呢,就会变出不一样的颜色。如果碰到像醋一样酸的东西,它就会变成红色;碰到碱性的东西就会变成蓝色。"

奶奶和丫丫把这些变色的紫甘蓝汁和成了彩色的面团,擀成了大大的圆形,丫丫用面刀切、用剪刀剪,仔细地把面条一根一根扯得又长又细,制作出了很多彩色的面条。面条煮熟后,丫丫一边吃着彩色面条,一边对奶奶说:"这个彩色的面条太好吃了,下次我还要做。"

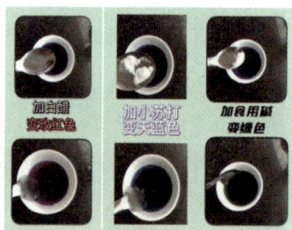

图 5-79　会变色的紫甘蓝汁

图 5-80　擀面

图 5-81　切面

图 5-82　抻面

图 5-83　煮面

图 5-84　吃面

教师反思：在丫丫和奶奶制作彩虹面条的过程中，我们发现家务劳动中蕴含的丰富科学教育资源。奶奶运用自己在烘焙过程中掌握的知识，将厨房变成了科学实验室。将紫甘蓝汁变成不同颜色的过程转化为生动的科学实验，让孩子在日常家务活动中体验科学的神奇。这不仅激发了孩子的好奇心与探索欲，还让她在动手操作中验证了酸碱反应的概念。通过这样的活动，孩子不再觉得科学是遥远抽象的，而是切实存在于生活中的每个角落。像这样的例子还有很多，如在晾晒衣服的时候发现不同材质的衣服干的速度不一样，了解不同布料的吸水性；在刷碗的时候发现溶解的过程和洗洁精是怎样溶解油污的，等等。在家务劳动中，亲子合作，共同探索，既增进了感情，又让孩子在轻松愉快的氛围中学习科学知识，培养实践能力。

（三）热闹的班级群

"彩色的馒头"和"会变色的紫甘蓝汁"两个家庭亲子活动的分享，点燃了家长们参与的热情。各个家庭纷纷行动起来。果果和妈妈做了彩色的汤圆、小宇和奶奶包了彩色的饺子、樱桃和妈妈学习朵朵家的方法用紫甘蓝做出了彩色的馒头……班级群里每天都能看到家长和孩子一起用果蔬汁制作的彩色食品。

我们还把孩子对彩色面食的兴趣告诉了幼儿园的大厨，大厨非常支持孩子的行动，用果蔬汁制作了彩色的棒棒糖馒头、西瓜馒头等，让孩子们在幼儿园也能把好看、健康又美味的"天然染料"吃到肚子里。

三、总结与反思

① 发挥家委会作用在家园共育中的重要性

在本次"能吃的染料"家园共育活动中，家委会发挥了至关重要的作用。他们的引领为其他家长树立了榜样，激发了其他家长的参与热情。两个成功的案例都是教师在家委会小群中与家长交流的成果，起到很好地以点带面的效果。家委会的反馈能帮助教师更好地了解家长的需求与关注点，同时家委会也将教师的活动要求和指导传达给其他家长，确保活动的顺利进行。调动家委会的积极参与让家园共育活动更加有序、高效，为幼儿营造更加丰富的学习和成长环境。

② 家园共育内容的选择要贴近生活

用果蔬汁制作面食这样的活动，贴近生活且便于家长操作，能够提高家长的参与度，促进亲子关系的发展。一方面，幼儿对水果蔬菜有一定的认知，制作果蔬染料的活动与他们的生活经验紧密相连，能够让幼儿在熟悉的环境中学习和探索，增强他们的参与感与获得感。另一方面，在家庭中进行亲子制作彩色面食，所需材料简单易得，操作过程也不复杂，家长们能够轻松参与，也能够更好地了解幼儿的学习特点和需求，为幼儿提供更有针对性的教育支持。

3 教师要提高在家园共育活动中的指导水平

虽然班级里很多家庭都参与了活动,但仍有部分家庭因各种原因未能参与进来,而且这些家庭以往的参与度也不高,对这部分家庭教师缺乏有效的策略。另外,在亲子活动中,我们也发现有些家长因为担心孩子年龄小或者怕孩子添乱等原因不敢放手,没有达到让孩子在实践中亲身体验的效果。这些都需要教师在反思中不断提升自己的家庭教育指导能力以适应新时期对教育的要求。

·中班家园共育案例·
把美好留住

一、课程缘起

幼儿在幼儿园中对扎染活动兴趣浓厚,热衷于感受颜色带来的奇妙反应。在幼儿园里学到了扎染的新本领,纷纷表示回家后要和家人一起进行染色活动。但扎染需要准备的材料繁多,流程步骤也比较复杂,不适合在家中进行。在户外活动中,发现幼儿对外面的花花草草兴趣浓厚,恰逢春天花花草草丰富,植物拓印方便在家中操作,还能让家长与幼儿共同亲近大自然,感受大自然的色彩魅力。在幼儿与家长的探索制作过程中,既培养了幼儿能力,又能促进亲子关系的发展。提出这个建议后,不少家庭开始了他们的探索。教师关注幼儿在家的表现,将幼儿在园掌握的经验与兴趣反馈给家长,跟进活动的每个阶段,及时为家庭教育提供指导,使家庭教育与幼儿园的教育相互连接,相互配合,共同促进幼儿成长。

二、课程内容与过程实录

幼儿和家长们对大自然的探索正如火如荼地进行着,获得了不少的成果,也遇到了不少的问题,其中有这样一个案例。

(一)了解春天,探索美好

在探索的开始,哈密有一个疑问:“到底什么是植物拓印?”于是哈密妈妈带着哈密一起查阅资料,了解“植物拓染”的前世今生。她们通过查阅资料得知植物拓染是一种使用自然材料进行的古法印染,属于中国非物质文化遗产的一部分,并初步了解了植物拓印的步骤与方法。

哈密已经迫不及待想要开始制作了,原本她们打算买一些漂亮的植物进行拓印。我向家长提议:为什么不去大自然中找一找呢?于是哈密和妈妈打算去山上碰碰运气,她们从山上小心翼翼地采摘了漂亮的花花草草,然后在溪水旁清洗干净。经过泉水浸泡的花草仿佛又焕发了生机,从大自然中得到的材料更加新鲜美丽。

图 5-85　采摘、清洗花草

教师反思：哈密和妈妈都善于思考，勇于尝试。在遇到自己不了解的问题时，积极地利用各种手段查询，不仅拓宽了二人的知识和经验，也帮助哈密母女更加了解植物拓印的步骤。教师及时跟进幼儿与家长的探索过程，在恰当的时刻介入，为哈密和妈妈提供了从大自然中寻找材料的新思路，有利于幼儿更好地接触和了解大自然，在采摘清洗的过程中，培养了幼儿的自理能力和劳动意识，加强了幼儿和家长的互动，在合作中加深了幼儿和家长的关系，让幼儿在家长的陪伴下了解春天，感受春天，得到成长。

（二）植物拓染，印染美好

回家后设计好图案，准备进行"敲"这一步，妈妈提出可以在茶几上进行。哈密说："万一一用力把茶几也敲碎了怎么办？"于是妈妈准备拿到地上继续，哈密看了看地板，摇了摇头又说："楼下的老奶奶又要来了！"妈妈顺着哈密的思路说："对，我们不能影响别人休息，那怎么办呢？""我们在幼儿园里都在户外敲，我们也可以去外面！"哈密跑到窗边，用手指了指楼下的石凳。于是哈密妈妈和哈密打包了所有材料到楼下开始工作。"咚、咚、咚、咚"，一个小女孩拿着锤子带劲地捶着铺满花瓣的白色 T 恤，这个画面很快吸引了大家的围观。在哈密妈妈发来的视频里我观察到哈密一边敲，一边向大家介绍："这是植物拓染，等我锤完了就会出现一幅美丽的画。"

图 5-86　敲打花瓣　　　图 5-87　设计图案　　　图 5-88　拓染成品

功夫不负有心人，在哈密和妈妈的共同努力下大作终于完成了，但是哈密的表情却突然凝固了。原来，由于没有掌握好力度，衣服上出现了很多的破洞。这时，妈妈连忙向教师求救，教师说："有一种神奇的魔法能将破掉的洞变成神奇的图案。"教师引导家长

带领幼儿将手沾满颜料按在衣服破洞处，一个个破掉的洞变成了彩色的小圆圈，就像会跳舞一样。哈密和妈妈还请来爸爸来当模特，一家三口通力一起合作，让一个不完美作品变成了一个独具特色的作品。

图 5-89　一家三口共同完成作品

在老师的指导下，哈密用符号记录了在"植物拓染"过程中发现的问题。

（1）选择叶子的时候，要先用手摸一摸，水分太多了不行，颜色会散开，水分太少也不行，印不出颜色，水分要适量。

（2）用保鲜膜固定叶子效果不好，用胶带效果才好。

（3）在敲打的时候，用力太大或太小都不行，会用两个加号的力量刚刚好。

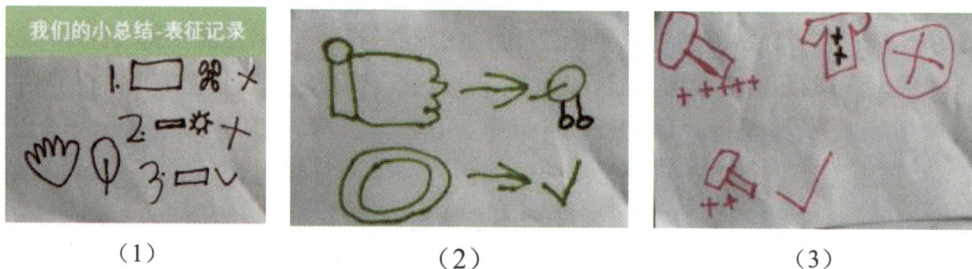

（1）　　　　　　　　　　（2）　　　　　　　　　　（3）

图 5-90　植物拓染中的表征

教师反思：活动进行的过程看似顺利，但是小问题不断。在问题解决的过程中，幼儿、家长和教师都在不断地进行资料的查询和技能的尝试，在不断总结教训的同时补充经验，最后形成了自身独特的经验来支持下一次的实践。幼儿有一定的操作经验，在和妈妈的合作中充当小组长的身份协助妈妈完成制作。经过几次的操作，幼儿渐渐对"流程"有了一定的概念，通过家长的反馈得知幼儿在做事情之前都会问她要先干什么，再干什么，最后干什么？比之前有秩序，也更仔细了。幼儿也能够用符号的形式进行表征，将问题用自己的方式画下来，锻炼了幼儿的思维能力和问题总结的能力。

（三）植物蓝晒，保留美好

没有用完的植物怎么办呢？老师告诉她们还有一种特别的染色工艺叫作蓝晒。经过共同的研究发现，蓝晒是一种古老的手工印相工艺，用来染制天蓝色和深蓝色的布料，它以草木等为墨，能将植物的样子完美保留，后来逐渐应用在生活中。

蓝晒的第一步,是将柠檬酸铁铵和铁氰化钾混合后涂满扇面,再用植物进行装饰,然后拿到阳光下尽情晒或者通过紫外线灯照射,挡住光线的区域就会留白,最终在纸上形成蓝色的影像。蓝晒的操作步骤相对简单,但是最后呈现的效果却很惊艳。哈密学会后很开心,教师还引导她将她的制作过程通过小视频展示给班级群里的其他幼儿,收获了班级其他幼儿和家长的点赞。

图 5-91　哈密蓝晒的操作过程

教师反思:幼儿和家长在查找资料后找到了出现蓝晒效果的原因。蓝晒的效果跟日照的强度和时间、药剂的配比、涂抹得是否均匀都有关系。经过几次的尝试,才终于得到了一个满意的蓝晒作品。在整个家庭式项目学习的过程中,教师和家长给哈密提供了很多展示的机会,让她随时把自己的发现和作品,用不同的方式主动与教师、同伴进行交流并寻找解决的方法,分享自己的经验教训。在一次一次的展示中,她的自信心逐渐增强,从最初在老师和家长的鼓励下才能分享到自己主动录视频、用语音进行分享,从敢说、想说,到分享结果、交流经验教训,幼儿的语言表达能力得到明显提高,也越来越喜欢和身边的人交流自己的想法。

三、总结与反思

之前家园共育的主体主要是幼儿园,场所也集中在幼儿园内,形式主要是幼儿园邀请家长来到幼儿园中参加活动,教师占较为主动的地位,家长占较为被动的地位,家园共育连续性较差,对家庭教育的指导作用不突出,家长参与的主动性也不高。但"把春天留住"的案例活动,使家园共育有了新的进展。从幼儿的兴趣入手,贴近生活,教师与家长在交流中发现教育契机。家长参与的兴趣浓厚,能够主动与老师进行分享交流,寻求指导。教师也主动了解幼儿在家的活动,及时关注,为家长和幼儿提供指导。幼儿主动积极地将在幼儿园中形成的已有经验运用到家庭的探究学习中,以主体地位主动带领家长进行探究,更有利于幼儿的全面发展。

家园共育可以让孩子在家庭这种温馨而熟悉的环境里,以更自然的方式去探索发现。在教师的推动下,家长将幼儿感兴趣的"点"进行延伸和扩展,家庭成员一起去发现问题、寻找答案、解决问题,在这个过程中不光幼儿得到了发展,家长也获得了很多成长。这种亲子互动方式提高了家长的陪伴质量,增进了亲子感情,营造了充满学习氛围的家庭环境,对幼儿当下的成长和未来的发展都有着深远的影响,让家长身临其境地感受家庭教育的重要性,使家庭教育与幼儿园教育高质量衔接让家园共育更加有针对性,使幼儿、家长、教师站在平等的位置上进行学习与成长,家园共育合力进行,实现幼儿身心发展的最大化,促进幼儿的高质量发展。

家园共育如同春天的微风、细雨和阳光,共同携手呵护破土而出的幼苗,让他们充满活力地向上生长,迎接未来的光明与美好。更像五彩斑斓、绚丽多姿的花朵,每一朵都代表着家园合作的成果,为幼儿的童年增添了丰富的色彩,让教育更加美好。家庭和幼儿园都要更加重视家园共育,转变观念,增强家园共育意识,创新组织方式,加强家园联动,不断激发家长的主动性,使家长与幼儿园的合作从主动到被动,建立信任的渠道,在此基础上不断推动家园共育,促进幼儿各方面能力的发展以及身心的健康成长。

·大班家园共育案例·
探索蜂蜡的奇妙之旅

一、课程缘起

在蜡染学习过程中,小语对蜂蜡产生了浓厚的兴趣。蜂蜡究竟是如何产生的呢？它有什么作用？对小蜜蜂的生活起着怎样的作用？它与人们之间又有着怎样的联系呢？

为满足幼儿强烈的好奇心,充分挖掘这一兴趣点的教育价值,教师果断采取行动,积极引导家长带领幼儿开启蜂蜡的探索之旅。教师向家长详细阐述了幼儿对蜂蜡的兴趣以及家庭环境在此次探索中的优势:一方面,探索蜂蜡的过程中可能会用到一些具有一定危险性的工具,家庭环境相对更加安全,能为幼儿的探索提供可靠的保障;另一方面,家长的陪伴和引导能让幼儿在探索中感受更多的温暖和支持。

在教师的倡导下,家长们积极响应,纷纷投入这场充满趣味和挑战的探索之中。在这个过程中,教师始终保持与家长和幼儿的密切联系,不断给予指导和反馈。通过家园共育的努力,幼儿不仅对蜂蜡有了更深入的了解,拓宽了知识面,而且在探索中培养了观察力、思考力与合作能力。同时,这次探索也为蜡染课程增添了丰富的内涵,让幼儿在后续的蜡染活动中能更好地理解和运用蜂蜡,创造出更加精彩的作品。

二、课程内容与过程实录

(一)网书寻秘,蜂蜡之解

为了更好地了解蜂蜡,小语一家决定通过网络和书本寻找答案。他们一起坐在电脑前,搜索关于蜂蜡的信息。屏幕上出现了各种各样的图片和文字介绍,小语好奇地看着,不时提出问题。"爸爸,这个说蜂蜡是工蜂肚子上的蜡腺分泌出来的,是真的吗？"小语指着屏幕上的文字问道。爸爸点点头:"对呀,看来小蜜蜂还挺厉害呢。"他们继续浏览网页,了解到蜂蜡的用途广泛,可以用来制作蜡烛、唇膏、护肤品等。小语惊讶地说:"原来蜂蜡这么有用啊!"接着,他们又找来了一些关于蜜蜂和蜂蜡的书籍,一起翻阅。在书中,他们看到了更加详细的介绍和精美的图片。小语指着书上的蜂巢图片说:"妈妈,你看,这个蜂巢好漂亮啊,蜂蜡就是用来做这个的吗?"妈妈耐心地解释道:"蜂蜡是小蜜蜂用来建造蜂巢的材料,它有很多用处呢。比如,蜂蜡可以防水,所以蜂巢才能保持干燥。"在阅读的过程中,小语一家还了解到了蜜蜂的生活习性和它们在生态系统中的重要作用。小语感慨道:"小蜜蜂真的好勤劳啊,它们为我们带来了这么多好处。"通过网络和书本的学习,小语一家对蜂蜡有了更深入的了解。他们不仅知道了蜂蜡的来源和特性,还了解了它的用途和价值。

图 5-92 蜂蜡

图 5-93 小蜜蜂在造蜂巢

教师反思:利用网络和书本资源进行学习,为幼儿提供了一种便捷的探索方式。在这个过程中,家长可以引导幼儿学会如何筛选信息、提出问题和寻找答案。同时,也可以培养幼儿的阅读兴趣和自主学习能力。在今后的活动中,可以推荐一些适合幼儿的科普书籍和网站,让幼儿在课余时间也能进行自主探索。此外,教师可以组织一些分享活动,让幼儿将自己在网络和书本上学到的知识与同伴分享,进一步加深他们的理解和记忆。

(二)创意无限,蜂蜡之趣

了解了蜂蜡的秘密后,小语一家决定用蜂蜡进行创意制作。他们精心准备了各种工具和材料,满怀期待地开启了这场创意之旅。

小语兴奋地站在桌子前,准备大显身手。她首先尝试把蜂蜡放入容器中准备加热融化,妈妈在一旁提醒她要小心。一开始加热时,蜂蜡融化得并不均匀,出现了一些小颗粒。小语有些着急,妈妈轻声安慰道:"别着急,再耐心等一会儿蜂蜡就都融化了。"果真像妈妈说的一样,过了一会儿蜂蜡完全融化了。

接着,小语准备加入精油和色素,她挑选了自己最喜欢的粉红色色素和玫瑰精油,嚷嚷着:"我要做一个粉色的蜡烛,像花儿一样香香的。"在妈妈的帮助下她小心地搅拌着,把蜡油倒进玻璃瓶里。可是第一次她忘记了放蜡烛芯,只好重新开始。第二次,小语先放好了蜡烛芯,再倒蜡油,终于成功了。

蜡烛制作成功后,小语信心满满地开始制作唇膏。她认真地看着妈妈把蜂蜡、椰子油等材料混合在一起,然后自己也学着妈妈的样子小心翼翼地搅拌着材料,再装入小管子里，唇膏也制作成功了。小语自豪地说："我要把它送给我的好朋友！"

图 5-94　制作唇膏的工具

图 5-95　制作好的唇膏

教师反思：在家庭创意制作活动中，幼儿操作、家长在旁辅助的方式能极大地促进幼儿的成长。小语在制作蜂蜡作品的过程中，虽然经历了两次失败，但在妈妈的鼓励与引导下，不断调整方法和尝试，最终获得了成功。这个过程充分锻炼了幼儿的动手能力、问题解决能力以及坚持不放弃的品质。同时，家长的陪伴和引导也起到了至关重要的作用。后续可以鼓励更多的家庭开展类似的活动，让幼儿在实践中不断成长。

（三）蜂蜡创意，共育成长

小语将和妈妈一起制作成功的蜡烛和唇膏带到了幼儿园。一进班级，她的脸上洋溢着自豪与兴奋，手中紧紧地捧着自己的劳动成果，她迫不及待地向小朋友们展示，大声说道："看呀，这是我和妈妈一起做的蜡烛和唇膏哦！"小朋友们立刻被吸引了过来，一双双好奇的眼睛紧紧地盯着小语手中的物品。

看到幼儿如此感兴趣，我便让小语详细地给大家分享一下制作蜡烛和唇膏的过程，小语兴奋地点点头，走到前面，小心翼翼地将蜡烛和唇膏放在桌子上，开始详细地分享制作的过程。幼儿听得入了神，仿佛自己也在和小语一起制作蜡烛。有个幼儿好奇地问："小语，那做这个难不难呀？"小语认真地回答："不难，多试几次就可以了。"

分享完制作过程后，小语又向同伴分享了她和妈妈在书本当中了解到的关于蜂蜡的知识。在这个过程中，幼儿的探索欲望被进一步激发。有的幼儿开始讨论自己可以用蜂蜡做什么，有的幼儿则对小蜜蜂的生活充满了好奇，想要了解更多关于小蜜蜂的知识。大家你一言我一语，气氛十分热烈。

教师反思：家园共育在幼儿成长中起着至关重要的作用。小语将家庭制作的成果和知识分享到班级，不仅增强了她的自信心和表达能力，也激发了其他幼儿的探索兴趣。这种分享与展示为幼儿提供了一个交流与学习的平台，促进幼儿在互动中共同成长。教师可以继续鼓励更多的家庭参与类似的活动，丰富幼儿的生活经验，促进家园之间的紧密协作，为幼儿的全面发展创造更好的环境。同时，教师可以根据幼儿的兴趣点，开展相关的主题活动，进一步引领幼儿探索自然、学习知识。

三、总结与反思

❶ 家园合作的深度与广度

本次"探索蜂蜡的奇妙之旅"家园共育活动意义深远。活动始于幼儿园蜡染课,教师引导激发了幼儿对蜂蜡的兴趣,构建了基础认知。家长积极参与,将活动延伸至家庭,实现家园紧密联动。这一过程拓宽了教育广度,家庭环境为幼儿提供了更丰富的体验场景;家长陪伴深化了教育深度,助力幼儿深入探索蜂蜡知识。例如,小语一家在探索过程中,幼儿的问题不断得到家长解答,知识不断积累。家园合作形成良好氛围,共同推动幼儿成长。

❷ 实践探索中的成长与收获

实践是幼儿成长的重要途径。在蜂蜡实践活动里,幼儿从模仿到创新,如制作蜡染作品、蜡烛和唇膏等,能力逐步提升。他们在操作中学会观察思考,像小语制作唇膏时专注学习搅拌材料;小语加热蜂蜡多次失败仍不放弃,最终成功,这不仅锻炼了动手能力和解决问题能力,还培养了耐心和毅力,增强了信心,为未来奠基。

❸ 家园共育的持续优化与创新

活动仍存在改进空间。初期,部分家长不熟悉蜡染技术,影响家庭指导效果。创作阶段,材料与工具受限,束缚了幼儿创意。未来,要增加材料多样性和创新性,如引入新型蜂蜡制品材料。完善反馈机制,定期收集意见。可通过组织家长会或线上问卷,了解需求。优化活动设计,根据反馈调整内容难度与形式,提升家园共育实效性与满意度。

"探索蜂蜡的奇妙之旅"是教育成功实践的新起点。未来家园将携手同行,为幼儿营造更优化的教育环境,让幼儿在爱与智慧中茁壮成长。